英文法をこわす

感覚による再構築

大西泰斗 Onishi Hiroto

NHK出版新書
621

Ever since our love for machines replaced the love we used to have for our fellow man, catastrophes proceed to increase.

Man Ray (1890-1976) French photographer

はじめに

本書のもととなる同名のNHKブックスを上梓してすでに17年が経つ。そこでの主張は「英語は生きている」ということだ。英語という言葉をこれまでのように機械的な文法規則で切り刻んでみても、生きた英語を理解し自由に使うことはできないということだ。

今回の新書化にあたり、本書を読み返してまず感じたのは、「今はとても書けない」ということだ。「英文法をこわす」という本書タイトルは、今の私にとっては過度に扇情的なタイトルであるし、言葉遣いも辛辣《しんらつ》に過ぎる箇所がいくつもある。

当時の私は、だが、そうした過剰が新しい英語教育を拓くには必要だと感じていた。長年変わることがなかった閉塞と決別するためには起爆剤が必要だと感じていたのだった。それが私とこの本がもっていた熱だ。若気の至りともいう。

本を読み進めると、粗削りで未熟な箇所も多々あるが、この本には私の原点がある、と強く感じる。細かな分析はさておき、自分が何をやりたかったのか、どうやりたかったのかがすべて詳《つまび》らかにされているように感じる。

本書が新書となって余命を永らえたことは、嬉しくもあり、気恥ずかしくもある。そのことも含め、ぜひお楽しみいただければと思う。

英文法をこわす——感覚による再構築　目次

編集協力　猪熊良子
DTP　佐藤裕久

序章

感覚の英文法とは何か

1.　新しい文法へ

既存の英文法を壊してしまおう。そしてその後に全く新しい英文法を構築しよう。この本の主張は至って簡単なことだ。そしてその動機も至って単純である。

現在、外資の流入が盛んになっているせいもあろう、英語力が以前に増して切実に求められている。毎年多くの本が出版され、多くの論者がデビューするが、1つの典型パターンは「英語教育がなっていない」であり、とくに頻繁に俎《そ》上《じょう》に上るのは学校で学ぶ伝統的な文法(以降、「学校文法」)である。「学校文法には多くの欠陥がある」と言っても、多くの英語学習者にとってさして意外なことではないだろう。それほどまでに批判され、疲弊し尽くしているのだ。

だがここで、学校文法が痛切に批判されながらも命脈を保っている理由に思いを致していただきたい。私が数十年前に学んだ内容から、現在の文法教育が一歩も出ていない理由は何か。

学校文法は本質的に、規則・用法分類の体系である。機械的なメカニズムの堆積である。「現在完了には完了・経験・結果・継続の4つの用法があり、過去をあらわす副詞とは用いられない。継続用法にあらわれるforは『期間』をあらわし……」といった、血の通わぬ決まり事が縦横に張り巡らされた体系である。そして学校文法が未だ命脈を保っている最大の理由は、その体系が不器用ながらも英語全体を遍《あまね》く覆っているということなのだ。それに従っていれば――さまざまな不備はあろうが――一応のまとまった知識を学習者に教授できるからなのだ。いかに優れた分析であってもそれが局所的なものに過ぎなければ、学校文法の代案とはなり得ない。

「if節中で未来表現は使われない」という悪名高い文法規則がある。

（1） If they release my husband, I'll pay the ransom.
（夫を解放するなら身代金を払います）

この規則は端的に言って意味のないものだ。次のwillを伴った例文はまったく自然な英語だからだ。

（2） If it will lead to the release of my husband, I'll pay the ransom.
（夫の解放につながるのなら身代金を払います）

しかしここで(2)の例を出し「学校文法は間違いだらけだ」と主張したとして、それに何ほどの意味があろうか。この主張は直ちに「それではなぜ(1)では現在形が使われているのか」「現在形とは『現在』を示しているのではないのか」「(1)にwillが不適なのはなぜか。willとは何か」など、さまざまな疑問を惹起《じゃっき》することだろう。それらの疑問を放置し単に「間違いです」と主張してみても、そこに力は生じない。文法という体系を変革する原動力にはならない。ある特定の規則への局所的な批判であり、英語全体を射程に含んではいないからだ。学校文法に加えられた無数の批判が、単なる英語豆知識の披露に終わり、何らの果実も生み出してこなかったのは故なきことではない。

私が本書で目指すのは、新しい文法の有り様を示すことだ。豆知識に終わらぬ代案を学校文法に対して示すことだ。「現在形とは何か」「willとは何か」に対する答えが歪みなく与えられていれば、「if節中で未来表現は使われない」の規則も「実は(2)のようにも言えるのです」の豆知識も消えてなくなる。当たり前のように(1)–(2)を作り出すことができる。そうした体系の青写真を描いてみせることだ。

2.　機械信仰と感覚

学校文法の基底にあるものは、飽くなき機械信仰である。英語を機械的規則の集積によって語り得るという思想である。この思想の下、あらゆる表現はその生き生きとした実質を失う。切り刻まれ、列挙され、分類され、不器用な英語を組み立てるための部品として引き出しの中に整理される。thatという単語を眺めてみよう。最も単純な、生き生きと跳ね回るこの小動物が如何なる仕打ちを受けてきたか。

thatは最も初歩の段階では、「あれ」、すなわちthisと同種の指示代名詞として学ばれる。

① 【指示代名詞として】
This is a hippo. That is an elephant.
（これはカバ。あれはゾウ）

これを理解できない学習者はいないだろう。この段階ではthatは生き生きとした実感と結びつけられているからだ。それはネイティブの語感に等しい。だがその後は、

② 【補文を導入する省略可能な要素として】
I think that good communication between participants is absolutely crucial.
（参加者相互の十分なコミュニケーションが肝要であると思います）

③ 【先行詞が人でも物でも使える関係代名詞として】
This is the dress that my wife loves.
（家内が好きな服です）

④ 【強意表現として】
Simplicity is that quality I admire most in Wordsworth's poetry.
（簡潔さは、ワーズワースの詩で最も素晴らしい点だ）

さらに、

⑤　【同格節を導入する要素として】
I heard a whisper **that** you're going back to England.
（君がイギリスに帰るという噂を聞いたよ）

⑥　【熟語の一部として（so...thatなど）】
They were all so shocked **that** not one of them uttered a single word.
（彼らは皆、ショックのあまり一言も発することができなかった）

かくしてこの愛すべき生き物の息の根は止まる。分断され、生き生きとした実質――感覚――をすべて奪い取られる。「I thinkの後のthatは省略することができる。しかし省略しない方が丁寧である場合が多い」「関係代名詞のthatは先行詞の種類を気にせず使える。だから口語ではより好まれるのだ」などといった些末な蘊蓄《うんちく》話は、フィールを奪われた死骸に生命を吹き込む呪法とはならない。せいぜいが、部品をさらに細かくする程度のことだ。

中学校、高校と学習が進むにつれ、誰もが感じてきた疑問。

ネイティブはこういった煩瑣《はんさ》な規則を通じて
ことばを使っているのだろうか？

日本語のネイティブとして簡単な内省を行えば答えはすぐに見つかるだろう、「否」。それ故に学校文法は常に胡散《うさん》臭《くさ》さを身にまとい、学習者を疎外してきたのである。

簡単な計算問題をやっていただこう。

(1) a. $3+4$

b. $\sqrt{81}\times 3-20$

どちらも答えは7。しかしその計算経路は全く異なる。これと同じことが学校文法では常に起こっている。次の文を考えてみよう。

(2) I think that she's stupid.

(彼女バカだぜ)

この文は「補文を導入する要素としてthatを使う」という「経路」からも生み出すことができるが、果たしてそれはネイティブが辿る経路であろうか。否。そうした経路を通じてこの文を作り出すネイティブは皆無である。

確かに規則は表面上、ネイティブと同じ文を生み出すこともあるかもしれない。だがそれは異なる生成過程を経た全くの別物である。部品を設計図通りに組み立てただけの代物、なのだ。異論があるなら、規則が躊躇なく作り出す(2)のthatを手にとってよく眺めるがいい。実はこの文はいささか不自然な文である。不協和音——それがネイティブの「経路」が生み出す感触だ。そしてこのネイティブの経路は「thatは省略しない方が丁寧である」など、無数の蘊蓄話を越えて豊かなのだ。

学校文法は、ネイティブがその語感を通して生み出す文を、機械仕掛けの別経路から生み出そうとする壮大な試みである。そしてその低い限界が明らかになった今、新しい文法体系が求められている。

私の代案は「感覚の文法」である。機械仕掛けの限界を知り、別経路を断念し、ネイティブのもつ感覚を調査し、その生きた感覚を基に組み上げる体系である。突飛な考えではない。ことばが紡ぎ出される母なる感覚に回帰する、それだけのことだ。機械に跪《ひざまず》くのをやめるということだ。「ネイティブはそうやってことばを使っているのだろうか」という疑問に真摯に向き合う決意をするということだ。

3. thatのイメージ

説明に移る前に若干、用語の整理をしておこう。「感覚」と「イメージ」についてだ。これまでに発表したいくつかの著作において、私は**イメージ(Image)**という語——「theのイメージ」「aのイメージ」「過去形のイメージ」など——と「感覚」を特段の区別をせず用いてきた。本稿でもその違いに神経質になる必要は毛頭ないのだが、厳密に言えばこの2つは同義ではない。「感覚」とは、ある表現に対してネイティブが抱いている感触であり、手触りだ。表現がネイティブの中に惹起する、未分化な心理的実在である。一方「イメージ」は、感覚に対して与えられた人工的な特徴づけだ。学習者に供するために形を与えられ定義された「感覚」であり、この文法体系を紡ぎ出す単位となる。「感覚」と「イメージ」は、生のフィールとそれに付された名前と考えてよい。

感覚を汲み取るという作業がどのようなものであるか、感覚で紡がれる新しい説明はどういった性質をもつものであるか、先程来話題に上っているthatを使って素描してみよう。

thatは「あれ」と、何かを指し示す単語だ。もう少し詳しく言えば──たとえばthat manは「他ではなくあの男」と──ある特定のものに聞き手の注意・関心を導く表現であり、その感覚がthatの用例すべてに通底している。この**聞き手の注意・関心を導く**という機能が一見複雑に見えるthatの用例すべてを導き出しているのである。これをthatのイメージと定義しよう。複

雑な用法を暗記する必要はない。この単純なイメージが我われをthatのもつ豊かな表現力に連れて行ってくれるのだ。

まずは「強意表現」から説明しよう。

（1） Simplicity is that quality I admire most in Wordsworth's poetry.

「まさに簡潔さという点こそが……」という、非常に強いスポットライトがqualityに当たっている。ここをtheに代えると単に「簡潔さが素晴しい点です」とのっぺりした文となってしまうだろう。thatのこうした強い意味は、そのイメージを身につけていれば容易に理解することができるはずだ。聞き手の注意・関心がqualityに集められている、ただそれだけのことなのだ。

（2） Simplicity is  that quality I admire most in Wordsworth's poetry.

補文の冒頭に出てくるthatにも、全く同じ感触が息づいている。

（3） I think  that good communication between participants is absolutely crucial.

つまりI think...と言ってから「何を考えているかというと」と、――非常にかすかながら――図の手のように聞き手の注意・関心を導いている感触があるのである。もちろんそこにthinkと後続内容が滑らかに連接する感触、クッションを経ているような感触が伴っていることは言うまでもない。このように考えると次の文のもつ、かすかに不自然な響きも理解できよう。

(4) I think  she's stupid.
that

「彼女はバカだ」。パンと叩きつける内容である。こうした内容を相手に伝えるとき、「何を考えているかというとね」と丁寧に導いてやる必要があるだろうか。

(5) This is the dress  my wife loves.
that

「先行詞として人も物も取ることのできる関係代名詞」として紹介されているこの「便利なthat」の正体も、すでに読者諸兄には明らかであろう。単にthe dressと言ってから「どういったdressかというとね……」と、相手をdressの説明に「導いている」のである。単に導いているだけなのだから、先行詞が「人」であろうが「物」であろうが区別をする理由はないのだ。

(6) I heard a whisper 
that
you're going back to England.

同格節を導入するthatであるが、もはや説明の必要はないだろう。a whisperを「どういったwhisperなのかというとね……」と、その内容説明に導いているに過ぎない。

聞き手の注意・関心を導く。thatをめぐる数多くの用法は、この単純なイメージを身につけるだけで、容易に手中にすることができる。

いや、誤りだ。

「数多くの用法」など、そもそも存在しない。thatを切り刻み部品化する過程にのみ存在する幻影である。thatはthatである、それだけのことなのだ。

4. 感覚の文法がもつ優位性

イメージで紡がれる感覚の文法が、既存の学校文法体系に対してもつ優位性について簡単に触れておこう。

① 効率性
感覚の文法は、学校文法と比べ遥かに効率的である。

thatの例から明らかなように学校文法の記述は、それぞれの用法に何らの感覚的裏付けがないばかりでなく、お互いが連関なく浮遊している。学習者はそれぞれを独立したものとして習得しなければならない。だが感覚の文法は、1つの直観的なイメージが敷衍《ふえん》され、すべての用例を説明するといった公理的性質を有している。それが最大の効率、最低の学習負荷を実現することに異論はないだろう。

② 繊細さ
感覚の文法は、学校文法と比べ遥かに繊細である。

学校文法の規則が与えるのは、「正しいか、そうではないか」「可能か、そうではないか」といった単純な判断である。しかし日本語で文章を書けばすぐに分かる通り、ことばはそういった大雑把なものではない。「どことなくぎこちない」「なんとなく気に入らない」、そうした繊細な判断の連続がことばを使うということだ。文法は、規則ではなく感覚で語らねばならないのだ。先にI think that she's stupid.の不自然さを説明したが、こうしたレベルの繊細さは、学校文法からは決して得られない。

③　洞察

感覚の文法は、学習者に洞察を与える。

感覚の文法は、ある表現の用例すべてに通底する単純なイメージを与える。このことによって学習者は――たとえ説明しなくとも――未知の現象を類推によって理解することができるようになる。I think that... における「導く」感触を理解した学習者は、関係代名詞として使われるthat、同格節を導くthatに面食らうことはないはずだ。一方、感覚とは無縁の機械的規則・用法には、そうした洞察を期待することはできないだろう。

それではここで、読者諸兄がすでに持ち合わせているはずの「洞察」を試してみることにしよう。次のようにthatはフォーマルライティングに多用される。その理由は何か。

(1) Dear Sir

The opinion that you express in your editorial is totally unfounded. You say that you have strong evidence to prove that you are right, yet you provide very little. This shows clearly that your research is shallow. I believe that your readers deserve far better than this.

(拝啓　貴紙社説でのご意見は全く根拠に欠けています。その意見を支える強い証拠をお持ちと言いながら、具体的提示はほとんど見られません。検討不足の誹《そし》りは免れないでしょう。このような社説は、読者の期待を大きく裏切るものであると思います)

問題はなかろう。フォーマルライティングにおいて最も重要なのは、相手に読み間違いをさせないよう手を引くように展開することだ。また文章をできるかぎり滑らかに接続することも肝要である。「相手の注意・関心を導く」thatが出てくる条件は、十分整っているだろう。

感覚の文法がもつこれらの優位性は、ことばを支える感覚をその中心に置いたことによる。ごく常識的な目的——ネイティブの感覚を掘り起こし、それを学習者に伝える——をもったこと、その一点による。

5.　本書の構成

感覚への回帰。本書の目的は、ことばが内包する豊かな感覚を示すことだ。繰り返し繰り返し学校文法の低い限界、その不合理・非効率を晒《さら》し、感覚への回帰を読者に促すことだ。そして、感覚が作る文法体系の先触れとなることだ。

各章のテーマを予告しておこう。

第1章は、感覚の遍在がテーマである。感覚は英語の隅々まで覆い尽くしている。感覚を基礎におかない体系が、いかに不合理であることか。ここではまた、イメージの基本的性質、そしてその性質がもたらす文法の効率化についても言及する。

第2章では、第1章と同じテーマを、逆から検証する。「感覚がない無機的領域は存在するのか」。感覚への言及が極端に少ない領域――時制――を詳しく論じ、感覚の重要性を示す。

第3章のテーマは、「規則」「用法分類」「日本語訳」。感覚ではなく、「規則」「用法分類」「日本語訳」に基礎を置く学校文法では英語を十分に語ることはできない。何という薄い地盤の上に、我われの英語教育は成り立っていたのだろうか。

第4章まで来たとき、我われは、感覚の文法の入り口にいる。感覚を抽出したイメージによって紡ぎ出される文法。その基本となるイメージはどういった性質をもつのか、如何なる配慮の下に建てられなければならないのか。

そして終章では、感覚の英文法が見せる、豊饒な世界の一端を示すことにしよう。

第1章

文型を再構築する

感覚は英語を覆う

1.　感覚はどこにでもある

感覚はことばが使われるあらゆる局面で、あらゆる表現に、あらゆるレベルで存在する。感覚が遍在するからこそ、それを頼りに文法全体を記述することが可能なのだ。

この章では、感覚が英語全体を遍く覆っていることを確認する。どのような表現にも感覚が横溢《おういつ》していることを確かめる。比較的容易に「感覚」の存在を確かめることのできる、語句の意味から出発しよう。そして5文型など、従来、規則と用法分類としてしか述べられてこなかったものに進んでいく。そしてその中にも豊かな感覚を見出していく。

2.　SOに潜む感覚

まずは感覚の存在を容易に確かめることのできる、語彙領域を眺めてみることにしよう。

手始めに――基本的な表現で恐縮だが――soを取り上げる。誰でも知っているはずの頻出語であるが、本当に我われはその精妙な感覚を捉えているのだろうか。たとえば、次の文はどうだろう。

（1）a. He was **so** frightened that he couldn't even go out of his house.

（とても怖かったので家の外に出ることもできなかった）

b. *He was **very** frightened that he couldn't even go out of his house.

（注：＊印はその文が不自然であることを示す）

soは「とても・たいへん」と訳される。veryと同種の強意副詞である。ならばなぜsoに限ってthatを続けることができるのか。この疑問がわからなければso… that…は永久に分解不可能な「熟語」のままに終るだろう。

ネイティブにとってso… that…は、突然出現した偶然の産物ではない。soの感覚に裏打ちされているのだ。まずはsoの感触を確かめよう。

下の(2a–b)はニュアンスが異なる。感じることができるであろうか。もちろんsoの方がveryよりも強調の度合いが高い副詞ではあるが、それ以外で、である。

（2）a. He was **so** tired.（とても疲れていた）

b. He was **very** tired.（　　〃　　）

veryに比べて、soにはかすかに「尾を引く感触」が伴っている。veryは「非常に疲れている。以上」といった具合の、何も余韻が残らない平たい言い回しである。一方soには「だから……」が付きまとう。「大変疲れている(だから仕事を休んだのだ。だから動作が緩慢なのだ……)」など、ある帰結がかすかに暗示されているのだ。

（3）a. He is so charismatic.（とてもカリスマ性がある）
b. He is very charismatic.（　〃　）

何の余韻も伴わないbに対して、aには「すごくカリスマ性がある(だから皆彼に惹かれるのだ)」という流れが感じられるのである。こうしたsoに伴う感覚は、soの接続詞としての使い方を眺めてみれば合点がいくだろう。

(4) It poured down, so we got drenched.
(ひどい降りでずぶ濡れになった)

soは「➡(だから)」を感覚の基盤にもつ。その感覚が単なる強意としての使い方にも引き継がれているのだ。

so…that…に話を戻そう。(1a)は次のようなフィールで解釈されているのだ。

(5) He was 

frightened  he couldn't…

so　　　　that

so frightenedが「たいへん怖かった(だから……)」と含みを残し、それをthatが「どうなったかというと……」と導いているのである。何ら帰結の含みをもたないveryが、このような形で使える道理はないのだ。

もちろんso…that…の中で、thatは補助的な役割しか果たしていない。

（6）a. He was **so** frightened he couldn't speak.
（非常にショックを受けて口をきけなかった）

b. They were **so** frightened by the terrorists' attack **that** they cancelled the trip to the States.
（テロの危険を恐れてアメリカ旅行を取り止めた）

(6a)のように短くインパクトのある内容である場合、「導く」必要はない。thatがないほうが自然である。畳み掛けるように並べればいいのだ。また(6b)のようにsoとその帰結が離れてしまっている場合には、流れを維持するthatが必要になってくる。要は導きが必要かどうか、という感覚的な問題なのである。

3.　基本動詞 TAKE

語句に伴う感覚、解説を続けよう。基本動詞と呼ばれる一連の動詞は、その多彩な意味のひろがりとそれに起因する有用性で知られている。ここではそのうちの1つ

takeを取り上げ、感覚のもつ重要な性質について考察を深める。

広大なひろがりを見せるtakeの、ごく一部の用例を取り出してみよう。

（1） a. He **took** a chocolate from the box.
（チョコを箱から取り出した）
b. Someone's **taken** my purse!
（誰かに財布を盗られた）
c. **Take** Japan, for example.（日本を例に取ろう）
d. **Take** 4 from 10.（10から4を引け）

なぜこの**近くのものに手を伸ばし、手に取って引き寄せる動作**――これをtakeのイメージと設定しよう――から、無数の異なる使い方が生まれるのか。

それは我われの感覚を構成する、認知システムのもつ特殊性によるものだ。下の図(Wittgenstein, *Philosophical Investigations*, Basil Blackwell)を見てみよう。

この図は、ある者にとっては「うさぎ」に見えるだろうし、また「あひる」と解釈する者もいるだろう。もちろん図は1つであるにもかかわらず、である。我われは現実を直接、客観的に知覚することはできない。好むと好まざるとにかかわらず、常に「解釈」を加えながら認識し

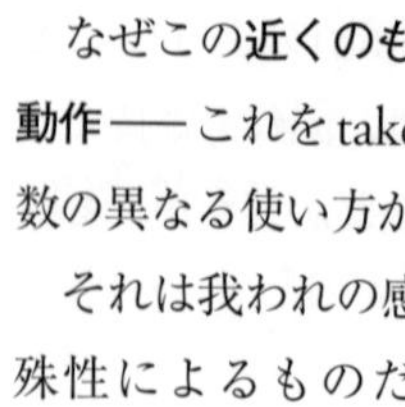

ているのだ。天井のシミが死んだ父親の顔に見えることがあるように、ある1つのイメージは、眺め方によってさまざまな「意味」を生み出す。takeが爆発的な意味のひろがりを見せるのもこのためだ。**近くのものに手を伸ばし、引き寄せる**という単純なイメージが、文脈によって多様な意味を生み出しているに過ぎないのだ。

他の用例を検討しよう。

(2) a. First, let me **take** your temperature.
(まず体温を測りますね)
b. It's beautiful ── I must **take** a picture.
(きれいだな。写真撮らなくちゃ)

少し注意深く考えれば、(2)もtakeのもつイメージと重なっていることがわかるだろう。やはりここでも「手を伸ばし引き寄せる」イメージは生きている。体温という情報、画像を「取ってくる」という感覚で使われているのである。

(3) a. I think I'll **take** the blue one.(青いのにするよ)
b. **Take** the back road ── it's quicker at this time of the day.
(裏道にしろ。この時間ならそっちの方が早い)

手に取るというtakeの動作は、いくつかのオプションが与えられている場合、「選択」につながる。複数の候補から、あるものを「手に取る」ということになるからだ。また心理的な「受け入れる(受け取る)」が、takeから生じるのも容易に理解できよう。

(4) a. She **took** my advice and accepted the job.
(アドバイスを聞き入れ、仕事に就くのを承諾した)
b. **Take** it easy!（気楽に考えろよ）

このように、多様な意味をもつように見えるtakeは、とどのつまり同じイメージがさまざまな文脈の中で適切な解釈を与えられているに過ぎないのだ。

全く同じことがhave、go、come、getなど、すべての基本動詞に関して成り立つ。偶然多様な意味が宿ったわけではない。汎用性の高いイメージをもつ、その一点がこれらの単語の多様性を支えているに過ぎない。

こうしたイメージの多産性は、語句のレベルに留まらず広く英語全域にわたって確認することができる。ある核としてのイメージが与えられれば、そこから複数の事実が自動的に派生する――こうしたイメージのもつ公理的・演繹的性質が、文法全体を効率化し学習負荷を軽減するのである。

これ以降、ある表現のもつ最も基本的な――さまざまな解釈を生み出す原動力となる――イメージを、**基本イメージ(Basic Image)**と呼ぶことにしよう。基本イメージ

に対して**派生イメージ**(Derivative Image)は影である。基本イメージにさまざまな文脈(角度)から光が照射され投影される像、それを派生イメージと呼ぶことにしよう。

4. 助動詞 MUST/HAVE TO

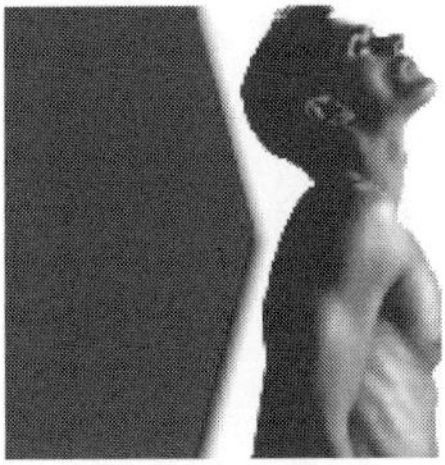

基本イメージとその派生との関係を考えるとき、助動詞は最も興味深い例の1つである。

must、mayなど多くの助動詞は、「ねばならない/ちがいない」「してよい/かもしれない」など、一見つながりのない2つの意味を併せもつ。多くの学習者はこれらをそれぞれ別個のものとして暗記したはずだ。しかし実際のところネイティブは、これらの語に全く無関係な意味が同居していると感じているわけではない。いわば等価な意識の流れが存在するのだ。この事態は、助動詞にはある基本的なイメージがありそれが文脈によって2つのイメージを派生させている、と考えれば容易に説明できよう。mustを例に取ろう。

mustに一貫して感じられるある**非常に高い圧力**を、mustの基本イメージとしよう。「ねばならない/ちがいない」の2つの意味は、ある一定の文脈を与えればこのイメージから簡単に導き出すことができる。

【文脈①】

時計の針が午前0時を指した。ダンスを踊っていたシンデレラが、

I **must** go now.（もう行かなくちゃ）

【文脈②】

シンデレラのアパートに行ってみると、ドアは開けっぱなし、テーブルには飲みかけの紅茶と未だ燻《くすぶ》るタバコが一本……、

Cinderella **must** have left in a hurry.
（急いで出たにちがいない）

文脈①でmustは、ある行為(go now)に向かわせる「高い圧力」、すなわち「ねばならない」と解釈されるだろうし、文脈②ではある結論(have left in a hurry)に導く「高い圧力」、「ちがいない」という解釈が与えられよう。

ここで興味深いのは、have（got）toである。このフレーズには、mustとは微妙に異なる成分が混入している。それは**客観性**である。

（1） a. I **must** get dinner ready.
（夕食の準備をしなくちゃ）

b. I **have to** get dinner ready.
（　　〃　　）

どちらの文においても話し手は「高い圧力」を感じている、これは同じだ。だが(1a)のmustが、単に「しなくては」という話し手の心持ちをあらわしているだけなのに対して、(1b)のhave toにはbecause the kids will be home any minute（もうすぐ子供が帰ってくるから）など、客観的必要性が感じられるのである。mustとhave（got）toのニュアンスの違いは、もちろんその否定文にも反映される。

(2) a. You **mustn't** apologise to anybody.
(誰にも謝ってはいけないよ)
b. You **don't have to** apologise to anybody.
(誰にも謝る必要はないよ)

また、have（got）toにはmust同様「ちがいない」の意味があるが、客観性のフレーバーは消えることがない。次のペアを眺めてみよう。

(3) a. The butler **must** be the murderer.
b. The butler **has to** be the murderer.
(執事が殺人者にちがいない)

(3a)は単に「そうにちがいないと私は思う」である。(3b)も基本的には同じ意味であるが、その後ろに何か緻密な、客観的証拠が積み上がっているような感触がある。そう、ちょうどシャーロック・ホームズが発言しているが如く、である。

まとめよう。must/have toには、それぞれ成分の微妙に異なる非常に高い圧力が基本イメージとしてある。そしてそこから文脈を通じて、それぞれの色合いに沿った「ねばならない／ちがいない」が派生しているのだ。

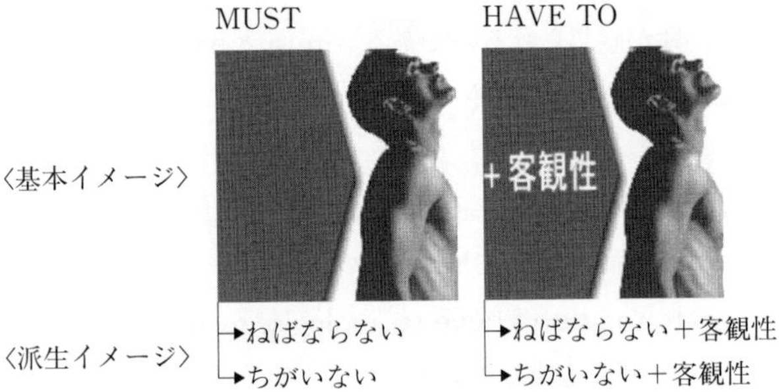

mustだけでなく、すべての助動詞の対になった意味をその底に流れる基本イメージから説明することは可能である。そしてそれは大幅な学習負荷の軽減をもたらすだけではなく、おそらくは唯一の正当な学習方法だ。mustに2つの意味が偶然宿ったと強弁するならば、なぜhave toにも「偶然」、「ねばならない／ちがいない」がペアで宿ったのか、その理由を説明せねばならないだろう。またhave toには「偶然」、客観性を帯びた2つの意味が同居しました、と述べねばならないだろう。そしてそうした論証は不可能だからである。

次の節では、英語表現の中で最も豊かな派生を見せる前置詞を眺めてみよう。表現の意味を基本イメージ・その派生イメージで捉えることの重要性をこれほど際立たせてくれる例も珍しい。その他には合理的学習法が存在しないからである。

5.　前置詞OVER、FOR、TO

前置詞の習得は、日本語の助詞のそれに喩《たと》えられるように、英語学習の難関の1つである。最大の理由は、数多の一見関わりのない意味がそれぞれの前置詞に集まっていることに求められよう。学校英文法の手法——用法・日本語訳の機械的暗記——が通用しない、無数の意味。しかし、我われの新しい手法——ネイティブの感覚から基本イメージを抽出・固定し、そこから派生イメージを引き出す——にとっては、乗り越えがたい壁ではない。

例としてover、for、toを取り上げよう。バリエーション豊かな用例を支えるものは、たった1つの基本イメージに過ぎない。

OVERの基本イメージとその派生

まずはあまり説明を要しない単純な例、overから解説しよう。

(1) a. We put white sheets **over** all the furniture.

（家具全部に白いシーツを掛けた）

b. We jumped **over** the fence.

（フェンスを乗り越えた）

c. He was so drunk he kept falling **over**.

（すごく酔って倒れてばかりいた）

d. I tumbled **over and over** down the ski slope.

（スキーでスロープを転がり落ちた）

overは先のtake、must同様、単純な基本イメージを中心にさまざまな使い方を派生させている。(1)に主立ったものを示しておいたが、それぞれ以下の派生イメージに対応している。

overの基本イメージは**何かの上部にある**という単純なも

【基本イメージ】

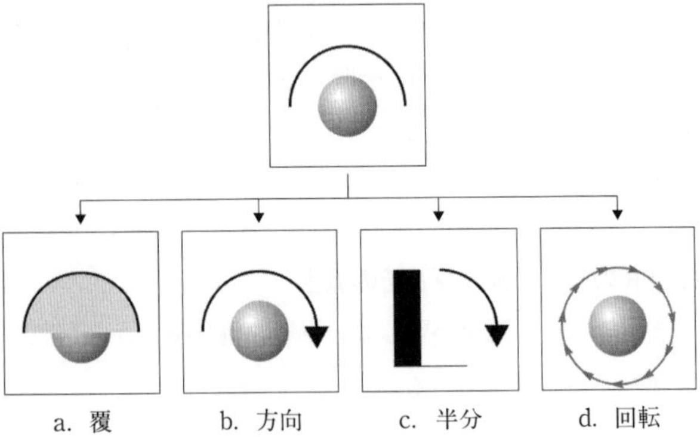

【派生イメージ】

のである。この単純なイメージが、その単純さ故にさまざまな派生的イメージを生成する。最も単純なものは図a。基本イメージが容易に**覆う**イメージにつながることはすぐに納得できよう。基本イメージに**方向**が加わった図b。さらにその円弧が**半分**になった図c。倍になって**回転**となった図d。基本イメージが、その基本を残しながら別個のイメージにつながっていることが見て取れるはずだ。

（2） a. I'm getting **over** a bad cold.
（ひどい風邪から治りかけたところ）
b. Let me talk it **over** with the boss.
（ボスとよく話させてくれ）

それぞれのイメージは当然のことながら抽象的な物事にも用いられる。(2a)は、「乗り越える」図bのイメージが抽象領域まで広がった例だ。(2b)は、少々わかりづらいが図dの応用である。回転のイメージが、「あらゆる角度から」という意味合いでtalkを修飾している。look over（よく調べる）、talk over（よく話し合う）など、かなり頻繁に行われるイメージの拡張である。

基本イメージから豊かな派生イメージへ。前置詞の千変万化な用例は、単純な――それ故に豊饒な――イメージに支えられているのである。

準備運動ができたところでforに進もう。この派生については少々説明を費やさねばなるまい。

FORの基本イメージとその派生

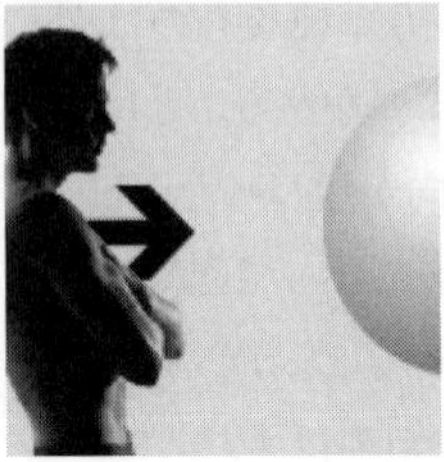

【基本イメージ】

forの基本イメージを形作るのは、**向かっている(方向)**という意識である。

(1) They left **for** the station 10 minutes ago.
(10分前に駅へ向かった)

この単純なイメージから、forのさまざまな派生イメージが生起する。

【派生イメージ①:目的】

(2) a. This is a special knife **for** sashimi.
(刺身用の特別な包丁です)

b. What is the driver stopping here **for**?
(何のためにこんなところで止まっているのか?)

ある方向に「向いている」、これが**目的**とつながるのは至極自然な流れである。

【派生イメージ②:求めて】

(3) a. I'm looking **for** my golf ball.
(ゴルフボール探してるんだよ)

b. You're rich and beautiful. Who could wish **for** anything more?
（君は金持ちで容姿も美しい。誰がその上を望むって言うんだい?）

forの形作る意味の中でもポピュラーなのがこの使い方。「向いている」が、**求める**につながっている。search for（探す）、wait for（待つ）、long for（熱望する）など、その例は枚挙に暇《いとま》がない。もちろんlook forは固定した表現ではない。「まとめて『探す』という意味になる」わけではないのだ。単に「目をやる」というlookと「求めて」のforがコンビネーションを作っているに過ぎない。文脈がしかるべき状況を作れば、lookだけでも「探す」という意味になる。

（4）The police looked everywhere but didn't find the sniper.
（警察はそこら中を探したが狙撃者を見つけることはできなかった）

【派生イメージ③：賛成】

（5）Don't tell me you're **for** the death penalty?
（おいおい、死刑に賛成なのかい?）

「向かう」という姿勢が、「背を向ける＝反対」とは逆の意味を生み出している。

【派生イメージ④：範囲】

forの派生でもっともわかりづらいのがこの使い方だろう。学校文法には「現在完了継続用法と共に使われるforは『期間』をあらわす」という項目がある。

(6) I've been a chef **for 15 years.**
(15年間シェフをやっています)

もちろんネイティブは、こうした特記事項を意識してこの文を使っているわけではない。この「用法」は、forのもつ一般的な機能のごく一部を不器用に取り出したに過ぎない。

(7) a. He is small **for a basketball player.**
(バスケットの選手としては小さい)
b. Mr. Kelly is responsible **for marketing.**
(ケリー氏は営業の責任者です)
c. The oil slick goes on **for miles** along the coast.
(流出した油が沿岸何マイルにもわたって続いている)

forの「向かう」は、**範囲**につながる。バスケットボール選手という範囲の中でsmall、営業という範囲でresponsible。どのような範囲で——どこを「向いて」——He is

small、あるいはMr. Kelly is responsibleと言っているのか、を示しているのである。「期間のfor」がなんら特別な例でないことが理解できるだろう。(6)は単に、15 yearsという範囲に限定しているだけのことである。

forは前置詞の中でも、ことのほか豊かな意味の派生をみせる。だが多岐に渡るforの用例を支えるもの、それはたった1つの基本イメージなのである。

TOの基本イメージとその派生

【基本イメージ】

(1) I went **to** the station.
(駅に行った)

toのイメージは**到達点を指し示す**である。ある行為がどこに到達しているのか、それを指し示す(point to)。そして、それが近似の意味をもつforとの差異を形作る。(1)はI went...という行為がどこへ到達したのかを示し、forと明らかな対比を成す。

(2) I left **for** the station. (駅に向かって出発した)

【派生イメージ：つながり】

toが生み出す意味の派生に風変わりなものはない。強いてあげるとすれば、「到達」がもたらす**つながり**だ。

(3) a. Apply glue **to** both surfaces.
(どちらの面にも糊を塗ること)
b. Interest rates rose **to** 5% last month.
(金利は先月5%まで上昇した)

具体的、抽象的の差はあれ、どちらも等しく到達点を指し示しているだろう。この到達した感触が、**つながり**を生み出す。

(4) a. They danced **to** the Samba beat.
(サンバのビートに合わせて踊った)
b. **To** everyone's relief, nobody was seriously hurt.
(誰もがホッとしたことに、誰もひどい怪我をしなかった)

(4a)では、体の動きが音楽のリズムに単に「到達」しているだけではなく、2つがお互いに呼応しつながっている様子がわかるだろう。また、to one's sorrow/surprise/disappointment（悲しいことに／驚いたことに／がっかりしたことに）など、感情がtoとコンビネーションを作る形も、出来事と感情が密接な関係を結んでいる感触がある。

前置詞イメージの解説をひとまず終わろう(他の前置詞については第3章「前置詞の世界」参照)。前置詞のすべての用例は、その基本イメージの投影である。そして基本イメージのもたらす語感は、そのすべての用例に及んでいる、ここではそのことだけを確認すれば良い。

感覚はどこにでもある。それをまずは語句のレベルから例証した。次に「文法語彙」レベルに話を移そう。従来「文法事項」として扱われてきた内容は、その中心語彙のイメージとして単純に、そして深く分析することができることを示していく。

6. TO不定詞：ポインター(pointer)としてのto

旧来の文法事項の多くは単なる語のイメージとして——つまり基本イメージを設定することによって——説明できる。まずはto不定詞を取り上げよう。

to不定詞が典型的にあらわれるケースは、①副詞用法②形容詞用法③名詞用法④形容詞構文の一部としてであり、学校文法ではそれぞれがto不定詞のもつ別々の「用法」として指導される。しかしもちろん、これらの「用法」はお互いに無関係ではない。すべてはtoの基本イメージに集まってくる。

(1) I went to the park.

まずは、この前置詞toのフィールをもう一度復習するところから始めよう。

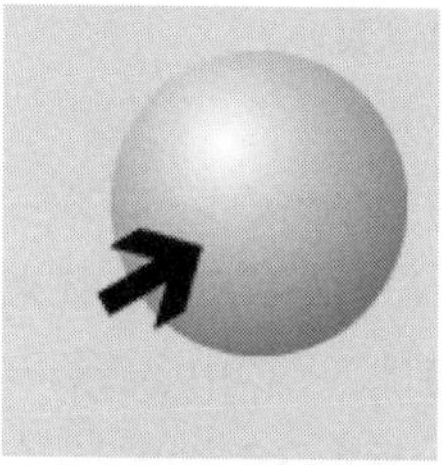

「to不定詞の説明をするのになぜ前置詞の例を出すのか」と訝《いぶか》しく思われるむきもあるにちがいない。だがネイティブスピーカーは、2つのtoを区別立てはしていない。もちろん「動詞を伴うtoと、名詞を伴うtoを別物として考える」という基準を「理解」することはできる、だが、そうした知識を基に文を作り理解しているわけではないのである。toはtoなのだ。

toのイメージは到達点であった。ある行為の**到達点を指し示す**(point to)のが、toの機能でありイメージである。(1)は、I wentの後、「(行ったのは)そこだよ」と到着点を指し示す、といった感覚で述べられている。この「指し示す

(point to)」というイメージ、すなわち**ポインター**(pointer)としての機能が、さまざまな「不定詞の用法」を支えているのである。またここで、toがある種の意味補完を行っていることにも注意されたい。「私は行った」だけでは、文意は完結しない。それでは——当然のことながら——「どこへ」と疑問が残る。それを指し示し満たす、toはそうした呼吸で使われているのである。

副詞用法

副詞用法としてのtoから始めよう。この「用法」が、toのもつ基本イメージの敷衍に過ぎないことを検証しよう。

(1) I went there to buy a mobile.
(携帯を買いに行った)

ここで見られるtoの呼吸は、先のI went to the parkと全く同じである。I went thereの後、「携帯を買う」という状況が指し示されているのである。

さて、それではwent there/to buy a mobileという2つの状況はどういった意味関係になるのだろうか。それはwent thereの意味による。より詳しく言えばwent thereがもつ「情報の欠如」による。

「私はそこに行きました」。この文章は日本語としても不安定である。「そこに行きました」と言われれば、当然「どうして・何が目的で」という食い足りない感触が残るだろう。そこをtoが補完する。「携帯を買う」という状況を指し示し、「携帯を買うために行きました」と安定のよい完全な情報を作る。**先行文脈における情報の欠如を別の状況を指し示すことによって補う**、それがtoのもつ機能である。

先行文脈に何が欠如しているかによって、指し示される状況との意味関係にはさまざまなバリエーションが生じるのは言うまでもない。

(2) Your son has grown to be a nice young man.
(息子さん、いい青年になったね)

Your son has grown. ここで文章が止まってしまっては明らかに不十分である。「育ってどうなったのか。何になったのか」、当然こうした種類の情報が求められよう。そこでtoがbe a nice young manという状況を指し示す。「ほら、こうなったのだ」という情報がフィードされるのだ。

(3) She was so naive to have trusted them.

(彼らを信用したなんて、なんてナイーブなんだろう)

「なんてナイーブなんだろう」というからには、「なぜナイーブだと言っているのか」という理由づけが必要だろう。そこをtoが展開する。「彼らを信用したなんて」と。

toについての洞察が深まると、それがなぜ感情系の動詞と相性よく使われるのかがわかってくる。

(4)

I was { shocked / stunned / stupefied / delighted / pleased / disappointed / . / . / . } to hear the news.

(私はそのニュースを聞いてショックを受けた/肝をつぶした/呆《あっ》気《け》にとられた/大喜びした/喜んだ/落胆した……)

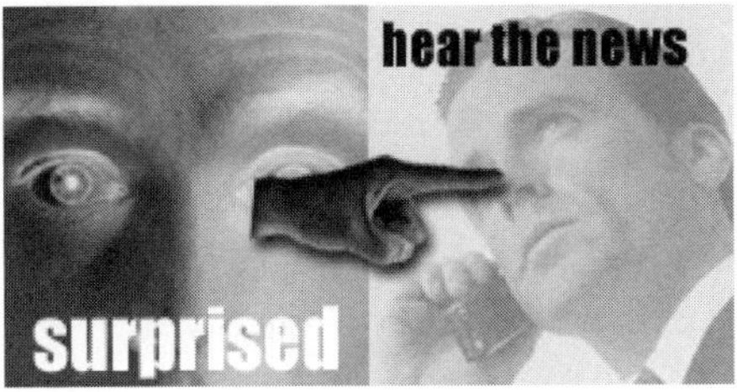

「私は驚いた」、これだけでは文が完結しないからだ。ある感情が生じるには当然原因がある。それをフィードするtoが多用されるのは至極当然のことと言えるだろう。英語では感情を述べる際、be surprisedなどすべて受動態の形を取る。この「感情は外側の原因から引き起こされる」という強い傾向をもつ英語ということばにとって、「感情―原因」は非常に濃密な関係にある。こうした事情が、感情とtoのコンビネーションにより強固な結びつきを与えているにちがいない。

さてもう十分だろう。toの「指し示す」という機能が文章を補完しながら展開していく呼吸。それは何も特別な「不定詞」というタイトルで括《くく》らねばならない機能ではなく、単にtoという表現のもつイメージの延長線上にあるのである。

形容詞用法

次に、形容詞用法に移る。先に説明した副詞用法との違いは、toが「フック」しているのが、went thereといった状況ではなく単なる名詞である点のみである。

(1) Armstrong was the first man **to go to the moon.**
(初めて月に行ったのはアームストロングだ)

the first manについて、それがどういったmanなのかを状況を指し示して説明しているに過ぎない。

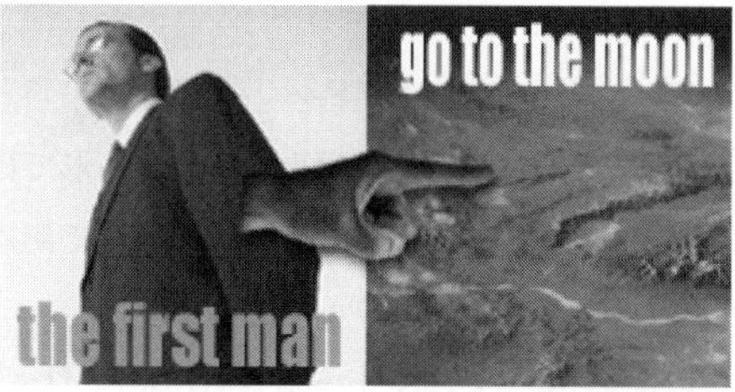

（2）Every country has the duty to look after its citizens.（すべての国は自国民を擁護する義務を負う）

（3）She doesn't know what to say.
（何を言っていいのかわからない）

どちらも（1）と同じ呼吸の文である。（3）はShe doesn't know what. だけでは意味が通らない。どういったwhatなのかをto以下が展開している。

ここで1つだけ注意を促しておこう。しばしば「toは未来志向である」という主張が見られる。この主張は、to不定詞を独立して解説する既存の分析からは一歩前進した好ましいものではある。前置詞toと同じ意味をto不定詞にも想定しようという意図が窺《うかが》えるからだ。しかし、この議論はいささか乱暴だ。

（4）The kids want to go to the zoo.

（子供たちは動物園に行きたがっている）

なるほど、この文ではto以下を「未来の出来事」と呼べないこともない。また(3)の「疑問詞+to」の形では、これからのことを念頭に置いている場合が支配的である（(3)は「(これから)何を言えばいいのか」である)。

しかし前節の(4)（I was shocked to hear the news.）などは明らかな例外となり、また本節(1)も、とても未来とは呼べまい(「これから月に行く最初の男」ではない)。さらに次で述べる「形容詞構文のto」も、例を一見すれば「未来志向」と呼ぶにはいささか強弁が過ぎることがわかるだろう。下の例は「これから喜ばせる」のではない。彼の一般的な性質について述べた文である。

(5) He is easy to please.
　（彼を喜ばせるのはたやすい）

(4)のto不定詞が「未来志向」と見えるのは、wantの意味による。「～したい」というこの動詞の意味内容から、toによって指し示された内容が「未来」であるということが了解される、というわけである。be surprised to...において「原因」がフィードされるのと全く同じメカニズムなのである。

さあ、それではto不定詞が典型的にあらわれる最後のパターンを眺め、本節を締めくくることにしよう。

形容詞構文の一部として

ある種の形容詞はto不定詞を伴う文型を取る。

(1)　He is {easy / hard / difficult / impossible} to please.

(彼を喜ばせるのは簡単／大変／むずかしい／不可能だ)

(2)　He is {keen / ready / anxious} to go.

(彼は行きたがっている／行く準備ができている／行かなくちゃと思っている)

(3)　We are {certain / sure / likely / unlikely} to clinch the deal today.

(契約を、必ず結ぶことができる／必ず結ぶことができる／結べそう／結べなそう)

形容詞構文などと、さらにtoの「用法」を加えることはない。我われが久しく慣れ親しんだtoの典型的な使い方——欠落した情報を指し示すことによって補う——である。

(4) He is easy.

これで文を終わることはできない。「彼は簡単である」では文は完結しない。そこでtoが補う。

(5) He is easy **to please.**(彼を喜ばせるのはたやすい)

to不定詞と呼ばれてきた文法事項はすべて、toのもつ基本イメージの投影に過ぎない。**到達点を指し示す**が、その汎用性故に広く用いられているに過ぎぬ。情報を補う、補足するという運動に便利に用いられているに過ぎないのである。

7. -ING

to不定詞の各「用法」が、**到達点を指し示す**というtoの基本イメージに帰着するように、学校文法で取り上げられる-ingの各用法——①進行形②副詞的要素として③形容詞的要素として④動名詞(①〜③は通例「分詞」と呼ばれる)——もまた、-ingという「語」がもつイメージとその敷衍に過ぎない。

-ingの基本イメージ（進行形）

まず、-ingイメージの核となる進行形について簡単に解説しよう。進行形の学習は、単に「している・しているところ」という日本語訳を覚えただけでめでたく終了するわけではない。

しばしば指摘されるのは、①短期間②未完結という2つの特徴だ。

（1） a. Which beauty salon do you **go** to?

　　 b. Which beauty salon **are** you **going** to?

（1a）の現在形は、現在を含む安定した状況をあらわす。つまり現時点だけに限らない、これまでもそしてこれからも、という長い期間が含意される。（1a）は「パーマ屋はどこにしてますか？」という訳語がふさわしいだろう。一方（1b）の進行形は、「（現時点で）どこのパーマ屋に向かっているのですか？」であり、（1a）に比して短い期間が問題となっている。

（2） a. The train **stopped.**

　　 b. The train **was stopping.**

（2）の対比では進行形の「未完結」が浮き彫りとなっている。（2a）は、「電車は止まった」と完了した出来事を示すが、（2b）は「止まりかけていた」、すなわち事態が完結していないことをあらわす。これらの観察は間違いではない。しかしそれは副次的なものだ。進行形の核となるフィールは別にある。

(3) *I'm **having** a car.

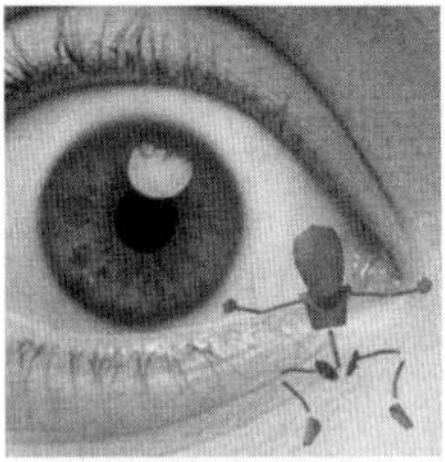

高校生、時に大学生までもこの種の不自然な文を書く。それは進行形において最も重要な感覚——**生き生き感(躍動感)** ——を知らないためだ。「生き生き感(躍動感)」とは、**行為(を伴う出来事)のまっただなかにいる**ということである。

(4) a. He **walks** to school.
  b. He's **walking** to school.

(4a)の文は、「学校に歩いて行く」という習慣の記述であり、全く「生き生き」したものではない。ところが(4b)には「彼が歩いている」という生き生きとした行為が、そのまっただなかにいることが感じられるはずだ。それが進行形の躍動感である。(3)のhavingが奇妙に響くのは、この文が「所有者が私である」という動きのない「状態」の記述であり、躍動感が感じられないからである。

先ほどの①短期間②未完結は、この「行為を伴う出来事のまっただなか」から引き出される副次的観察である。行為なら「短期間」は含意され、「まっただなか」なら「未完結」は当然のことだからである。

-ingのもつこの感触――生き生き感(躍動感) ――をつかむと、さまざまな事実が見えてくる。

(5) a. *I was seeing the match.(試合を観ていた)
b. *I was hearing the scream.(叫び声が聞こえた)

なぜsee、hearに進行形が使われないのか。それは躍動感に欠けるからだ。seeは「見える」、hearは「聞こえる」という「向こうからやってくる」感覚の動詞であり、躍動的な行為がなされているとは感じられにくいからである。

断っておくが、この事実を(例によって例の如く)「see、hearやhave、beなどの動詞は進行形にならない」などと規則化してはならない。問題は動詞の性質ではない。動詞があらわしている出来事自体に躍動感があるかどうかが重要なのである。

(6) a. *I'm thinking he is crazy.
(彼は気が狂っていると思っている)
b. I was thinking we should go to the bank before it closes.
(閉店前に銀行に行かねばと考えていた)

この2つの文の可否を分けているのは、thinkの表現する事態の性質である。thinkは文脈によって、単に「心に浮かぶ：思う」という躍動感のない意味にも「(頭を使って)考える」という行為性の高い意味にもなる、スペクトルの広い動詞である。(6b)では「考える」が進行形との同居を許しているのである。have、beについても同じだ。行為を意味していれば、進行形にしても何ら差し支えはない。

(7) a. I was **having** a bath at that time.
(そのときは風呂に入っていました)
b. Don't be so hard on John. He was just **being kind**.
(それはちょっとジョンがかわいそうだよ。親切のつもりでやっただけなんだから)

進行形の躍動感は、通例状態動詞として使われ何ら行為をあらわさないbeにすら、生き生きとした動きの解釈を「強要」する。そのイメージの強さを推し量ることができるだろう。さて最後に興味深い例を出そう。実はsee、hearが進行形を取る場合がある。

(8) a. Oh, the room is empty. I must have **been seeing** things.
(なんだ、誰もいないや。ありもしないものが見えたんだ)

b. You didn't call me? I must **be hearing** things.
(呼ばなかった?　空耳だ)

ないものが「見える／聞こえる」。それは聞き手の側が自分でその像、音を作り出している生き生きとした行為である。これ以上の説明は不要であろう。

生き生き感(躍動感)は、-ingの核である。それは-ingの用いられ方すべてを支配するイメージである。以下、いくつかに分類しながら話を進めるが、分類自体は、学校文法的仕分けに沿ったまでのことであり、本質的なものではない。-ingは-ingなのである。

副詞的・形容詞的要素として

-ingを中心とするフレーズが文全体を、動詞句を、あるいは名詞を修飾する例を眺めてみよう。そこには確かに「躍動感」が息づいている。

【①文全体を修飾(分詞構文)】

(1) **Glancing over my shoulder**, I saw this big tiger coming after me.
(肩越しに目をやると、このでかい虎が向かって来るのが見えた)

文法用語に従えば「文修飾」ということになるであろう

が、この形は、単なる「並置」である。glancing over… と I saw… という2つの状況が、並べ置かれているに過ぎない(「並置」について詳しくはP.77を参照)。

(1)の例における-ingのニュアンスの特殊性は、次のような文と比べてみると明らかであろう。

(2) When I **glanced** over my shoulder, I saw this big tiger coming after me.

(1)で顕著に感じられた緊迫感が根こそぎ奪われ、単なる平たい情景描写となっていることがわかるだろうか。その差——状況の躍動感、リアルな感触——が-ingのニュアンスである。もちろん躍動感溢れるこのニュアンスは、こうした文が好まれる「場面」をも規定している。「物語モード」——ある状況をまるで物語を紡ぐように生き生きと伝えたい場面で使われる型——である。書きことばはもちろん、話しことばでも使うことができる。聞き手は即座に、話し手が「物語りしている」ことを感じるだろう。

この形は、-ing文と主文を並べただけの単なる「並置」であり、2つの状況間の意味関係を指定しているわけではない。そこで、今説明した「同時性」の解釈だけではなく、文脈が許しさえすれば次のような因果関係にも使うことができる。

(3) Realizing that he had made a mistake, he turned back.
（道を間違えたことに気がついて引き返した）

しかしやはりここでもSince he realized that…には見ることのできない、文が躍動している感触──「あ。しまった」ときびすを返す情景──を感じることができよう。それが-ingなのだ。

【②動詞句を修飾】

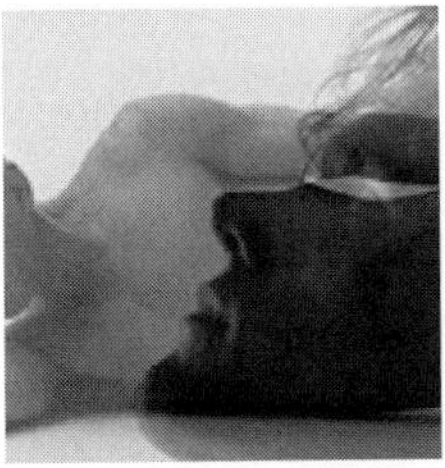

躍動感、生き生きとした描写、それが-ingの核である。次に、文全体でなく動詞句（下線部）に並置されている場合を眺めることとしよう。

(4) a. I lay there for ages thinking about my future.
（将来に思いを馳せながら、長い間そこに寝そべっていた）

b. Sorry, he's busy giving a presentation at the moment.
（すみません。彼は現在プレゼンの最中で、お目にかかれないのですが）

動詞句に並置することによって、どのような行為が並行して行われているかを補足説明しているに過ぎない。やはりここで想起されているのも、生き生きとした躍動感のある状況であることは言うまでもないだろう。

【③名詞を修飾他】

名詞と並置された-ingがどういったイメージをもつのかは、もうすでに想像に難くないはずだ。

（5） a. Isn't the guy kissing that girl over there your boyfriend?
（あそこで女の子にキスしてるの、あなたの彼氏じゃない?）

b. Look at the baby playing with the car keys – isn't she cute?
（車の鍵で遊んでいる子を見てごらんよ。かわいくない?）

the guyと並置されたkissing that girl over thereが、生き生きとした状況をそのguyに貼りつけている、そうしたイメージである。

名詞として：-ingとto

最後に-ingが名詞として使われる――一般には動名詞と呼ばれる――例を眺めてみよう。

(1) a. That guy has been on his mobile for ages. He's driving me nuts.

b. Yeah, using mobiles in the train is really inconsiderate, isn't it?

(おいおい、あいつずっとケータイかけ続けだぜ。ムカつくなぁ。──うん。電車でケータイかけるなんですごく迷惑だよな)

「携帯電話を使うこと」と訳せば、一応日本語にはなるのかもしれない。だがそれでは、同様に「……すること」と訳されるto useとの違いは見えてこないだろう。

(2) To use mobile phones in the train is both a nuisance and a potential health hazard to other passengers. We thank you for your cooperation in this matter.

(車内での携帯電話のご使用は、他の乗客の方々へのご迷惑になると共に、健康に害を及ぼす恐れもあります。ご協力ください)

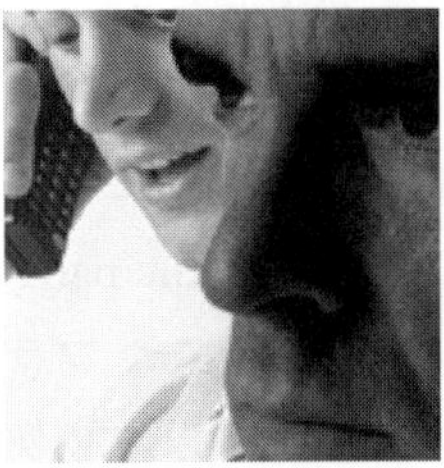

-ingとtoは、伴うニュアンスが(そして使用される状況も)全く異なる。そしてそのニュアンスは、それぞれの基本イメージによって規定されている。

-ingは、(1)で明らかなように、その出来事が目の前で展開されているようなリアルな感触を伴う。つまりは基本イメージの生き生き感(躍動感)ということだ。一方toを支配するのは、**一般論**の感触である。(2)のto use... はあくまで「～ということは」という一般論であり、身近に起こっている感触は一切ない。実際to... は、ルールを述べるのにしばしば用いられる。ルールである以上、ある特定の事態が想起されては困る。一般論でなくてはならないからだ。

(3) To avoid paying taxes is illegal.
(税金を納めないのは違法です)

さてすでに読者には、次のペアの間にある──日本語訳を越えた──ニュアンスの違いが理解できるはずだ。

(4) a. I like playing with my kids.
b. I like to play with my kids.
(子供と遊ぶのが好きだ)

「子供と遊ぶのが好きです。それが私の人となりです」と、ぶっきらぼうなto。それに対して-ingでは、話し手が子供と遊んでいる様子を生き生きと思い描いていることがわかる。You know, kicking a ball around in the park, going on the swings... (公園でボール蹴ったりさー、ブランコに乗ったりさ…)、などの描写が続きそうだ。次の使い分けを最後に、説明を終わろう。解説の必要はあるまい。

(5) a. [鼻をほじっている息子に母親が……]
Picking your nose in public is a filthy habit.
(人前で鼻をほじるなんて汚らしいからやめなさい)
b. [父親が息子にエチケットを伝授して……]
To pick your nose in public is a filthy habit.
(人前で鼻をほじるのは汚らしいからやめておきなさい)

知覚構文内の-ing

-ingの基本イメージは躍動感であり、生き生きとしたリアルな状況である。そのイメージを元に-ingは、さまざまな機能へその触手を伸ばしているのである。最後に知覚構文を取り上げてみよう。-ingの感覚が摑めたかどうか。

(1) a. I saw them walking down the street.
(彼らが通りを歩いているのを見た)
b. I saw them walk down the street.
(彼らが通りを歩くのを見た)

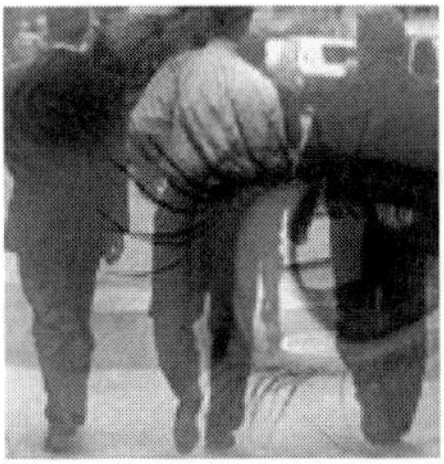

(1a-b)間の手触りの違いが感じられただろうか。them walkingには躍動的な感触がある。生き生きとしたリアルな状況——彼らが一

歩一歩、歩を進めているといった――を眺めているのである。それに対し(1b)は、出来事全体を総括しているような、平たい感触である。つまりその出来事の横にいてつぶさに眺めているという生々しい実感が抜け落ちた、「歩くのを見た」である。

(2) She felt someone brush against her, but didn't realise until later that she had been pickpocketed.
(誰かに触られたように感じたが、スられたとわかったのは後になってのことだった)

この文でbrushingはしっくりこない。その出来事の内部に入り込んでつぶさに観察しているような文脈ではないからだ。誰かがさわさわさわさわっと触っているのを感じていたわけではないからだ。単に「触ったと感じた」、原形がふさわしかろう。

こういったレベルの語感、こういったレベルの繊細は、学校文法に期待することはできまい。「分詞です」といった分類に何の価値があろうか。

英語は感覚によって紡がれている。次節では、語句の性質に帰着することのできない領域を取り上げよう。

8.　5文型のイメージ

感覚は語句だけに存在するわけではない。文内での位置、修飾方向などあらゆる領域に横溢している。ここでは学校文法の中でもとくに「機械的」と批判されてきた、5文型のもつイメージを紹介しよう。

動詞の取る文型は、文を作る上で最小限の知識である。従来、学習者は動詞と共に可能な文型の暗記を求められてきたが、実は動詞の取る文型は、動詞のもつイメージと呼応している。十分に深く動詞を理解すれば、一定の精度をもって文型を予測することが可能であり、また逆に、ある動詞の取る文型を眺めれば、その動詞が本来もつイメージを正確に捉える助けとなる。まずは他動詞を眺めてみよう。

他動詞（S・V・O）のイメージ

【①力が及ぶ】

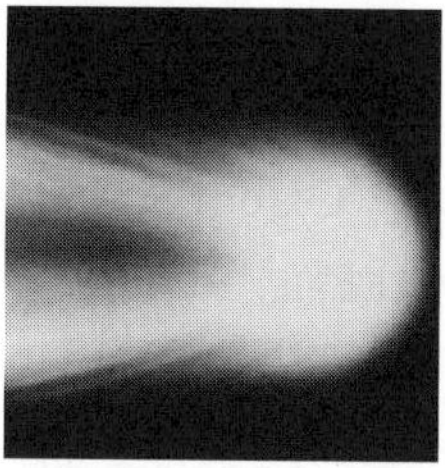

（1）　John **kicked** the ball.

「蹴る」という動詞が直接目的語を取るのは理由のないことではない。この型を取る動詞が共通してもっている感触──すなわちこの型のイメージ──は、**力が及ぶ**ということであるからだ。「蹴る」という「力」が直接その対象に及ぶ、そうした語感をこの「型」が惹起するからである。

このイメージを検証するには、他動詞・自動詞2通りの使い方をする動詞を取り上げ、その差を眺めれば十分であろう。

(2) a. I shot the deer.(鹿を撃った)
　　b. I shot at the deer.(鹿めがけて撃った)

(2a)では直接shotの「力」がthe deerに及んでいる(鹿が撃たれた)ことが、そして目的語を取らない(2b)の自動詞用法では単なるそうした動作が行われているに過ぎない(単に狙って撃っただけ)ことが示されている。他動詞は「力が及ぶ」のだ。次の文の違いも同様である。

(3) a. I know London.
　　b. I know about/of London.

(3a)の他動詞knowは話し手の知識が、ロンドンの隅々にまで及んでいることを示している。Piccadilly Circusでお金がなくなった日本人を見つければ「Oxford Streetにシティバンクがあるよ。小さな支店だけどね」とアドバイスができるような知識の深さを予想できる。(3b)のabout/ofには(前置詞の性質からaboutの方が該博な知識を予想させるが)それほどknowの力がLondonに及んでいるような感触がない。

【②型からイメージへ】

「力が及ぶ」というこの型のイメージから、逆に動詞のイメージを類推することも可能だ。

(4) a. I saw the photos.（写真を見た）
b. I looked at the photos.（写真に目をやった）

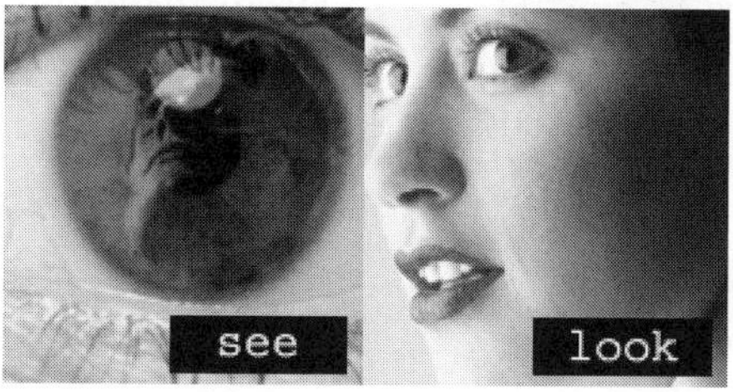

他動詞として使われることからseeの性質がわかってくる。seeは「見る」力が対象にまで及んでいる――つまり「見える」――動詞である。一方、lookは自動詞として使われることから、対象に力が及ばない、単なる行為と予想をつけることができよう。もちろんご存じの通り、lookは「目を向ける」という動作に焦点が当たっている動詞であり、対象が「見えている」ことを含意しない。

(5) We looked all over the place but we didn't find the kitten.
（そこら中を探したが子猫を見つけることはできなかった）

動詞の学習において、正確なイメージを掴むことほど重要なことはない。そしてイメージを推し量る上で、その動詞が取る文型は大きなヒントとなる。次の日本人が苦手とする動詞も、その型を見ればネイティブにとってどういったイメージをもつものかがわかるはずだ。

(6) a. He **approached** (*to) the table.
(テーブルに近づいた)
b. We **discussed** (*about) the agenda.
(その議題について議論した)

これらの動詞が、walk、lookのような単なる動作を示すわけではないことはすぐに了解できるだろう。対象が視野に入っており、そこに直接向かう力が意識されているのである。

【③行為から属生へ】

他動詞が形作る型で興味深いものに、次のようなものがあることをご存じの読者も多いであろう。

(7) This car **drives** easily.
(この車、簡単に運転できるよ)

(7)は、本来目的語にあるべきthis car（drive this car）が主語の位置に生起し、主語の属性(特徴・性質)について述べる文となっている。次の(8)をみれば、この現象が決して限定的なものではなく、他動詞が一般に有する特徴にその起源をもっていることが窺い知れよう。

(8) a. This wire **bends** easily.
(このワイヤーは簡単に曲がるよ)
b. I don't know why her latest novel isn't **selling** well.
(なぜ彼女の最新小説があまり売れないのかよくわからない)
c. Careful! These crystal glasses **break** very easily.
(気を付けて。このクリスタルのグラスは簡単に壊れてしまうから)
d. This shirt doesn't **iron** well at all.
(このシャツ、全然うまくアイロンがかからないよ)
e. These knives **cut** superbly.
(このナイフは素晴らしくよく切れる)

他動詞がこうした形を取るのは偶然ではない。むしろ我われ人間のもつ、当たり前の認識過程——行為から属性へ——に沿ったものである。

たとえば車を運転したとする。そしてその車が非常に扱いやすかったとしよう。その途端、我われはその「運転しやすい」という性質を車の中に見ることとなる。「この車は運転しやすい」。我われはあるものに力を及ぼした(働きかけた)結果得た印象・経験を、そのものがもつ一般的な属性として認識するクセをもっているのである。他動詞が属性をあらわすのは、ごく自然な成り行きなのだ。この文型がsmell、tasteなど感覚系動詞で頻繁に現れるのも、この議論の傍証となろう。我われが対象に対してもつ、におい、味、手触りなど感覚的な印象は、容易にその対象のもつ属性として捉えることができるからだ。

(9) a. This leather jacket **feels** lovely and soft.
(この革のジャケットとても柔らかいよ)
b. Yuck! This soup **tastes** terrible.
(げ。このスープひどい味がする)
c. Bacon **smells** so good first thing in the morning.
(朝起きたとき、ベーコンはとってもいいにおいがする)

さて、他動詞だけで紙幅を使い切るわけにはいかない。次の文型に話を移そう。

自動詞(S・V)のイメージ

【①単なる動作】

対象物が視野に入らない、単なる行為・動作。それが自動詞のイメージである。

（1） Robots walk and talk.

（ロボットは歩いたり話をしたりする）

イメージの中に対象物をもたないこの型の動詞は、その行為・動作が他のものに向かう場合、前置詞など対象との関わり方を指定する語句を必要とする。中学校では、look at、listen toなどをある種の「熟語」として学ぶようであるが、これらの「熟語」は動詞のイメージと前置詞のイメージとの単なる合成である。

【②意味の合成（1）】

有名なlisten toを取り上げよう。

（2） a. I love listening to the birds.

（鳥の鳴き声を聴くのが好きだ）

b. I'm listening for the cuckoo.

（カッコーの鳴き声を聴こうと耳を澄ませていた）

listen toは熟語ではない。listenと到達点をあらわすtoが合成されているに過ぎない。listen forはあまり有名ではないコンビネーションであるが、forの「求めて」のイメージと組み合わせれば、その意味するところは容易にわかるだろう。「何かを求めて耳をそば立てている」である。

ほとんどの「熟語」はこういった単なるイメージの合成であり、「熟語」など非論理的な考察の対象にならないことを言明しておく。

【③意味の合成(2)】

語形成の段階で意味の合成が行われることもある。

(3) How could he overlook such a blatant mistake?

(どうやったらあんなあからさまな間違いに気づかずにいられたんだろう？)

この場合も、lookのイメージとoverのイメージの合成によって意味が決定していることは明らかであろう。視線が対象物を捉えず、上を通過する(すなわち「看過する」)、それがoverlookのイメージである。

こうしたイメージの合成は、かなりの精度をもって行われると考えてよい。over+seeの例をあげよう。

(4) I want you to oversee the entire team.

(君にはチーム全体の監督をしてもらいたい)

over+lookが「看過する」のに対し、over+seeが「監督する」となるのは、seeのもつイメージに理由がある。

seeは、映像が「見える」「認識する」に焦点がある。向こうから頭に入ってくる感覚、そこから次のような「理解する」という使い方も生まれてくる。

(5) Oh, I **see**.（うん、わかったよ）

間違っても *Oh, I look.とはならない。そうしたseeのもつイメージの延長線上に、次のような使い方もある。

(6) a. Please **see** that the room is put back the way it was.
（部屋を元通りにしておくようにお願いします）
b. **See** that this gets delivered today.
（今日中に配達されるようにしてください）

「見える」だけではない。「その状態を認識して、さらに必要なら適切な手段を講じる」という深みをもつ使い方である。次の例も同じ。

(7) We'll all go to **see** you off at the station.

（みんなで駅まで見送るよ）

単に「youがoffするのを見る」というわけではない。その途中不測の事態が生じれば「必要な手段を講じて」無事出発させるということだ。目を向けるだけのlookとは異なる「認識」のイメージがこうした使い方を生み出している。

ここまでseeのイメージが詳細にわかれば、overseeがなぜ「監督する」という意味になるのかがわかる。上から眺め問題があれば対処する、それはとりもなおさず「監督する」ということであるからだ。overlookと並べれば、意味の合成という過程がどういった精度でなされるのかがよくわかるだろう。

GIVEタイプ（S・V・O・O）のイメージ

【①受け渡しのイメージ】

（1） John gave him a pen.
（ジョンは彼にペンを与えた）

この文型の基本イメージを知るには、この型の文を集めるだけで事足りよう。

（2） a. He wrote me a letter.
b. He made me a doll.

c. My mum **knitted me a sweater.**

d. **Find me a warm jacket.**

どの文にも共通のある意味が浮かび上がるにちがいない。**受け渡し**である。上の例は「手紙を書いて、人形を作って、セーターを編んで、暖かいジャケットを見つけて」そして「受け渡す」、ということだ。つまりこの型は、常に根底にGIVEを含むのである。

次の例は一見受け渡しと関係がないように思われるが、事実はそうではない。

(3) a. It **took me 3 hours** to finish the homework.
(宿題を終わらすのに3時間かかった)

b. The holiday **cost me a fortune!**
(その休暇では散財した！)

c. He **owes me over $1000.**
(彼は僕に1000ドル以上借りている)

(3a)の文を「この宿題を終わらせることは私から3時間を奪った」、と考えるネイティブはおそらく1人もいないだろう。I had to give 3 hours of my time… (3時間giveしなくてはならなかった)と、やはり根底にgiveを感じているのである。

この受け渡しの感覚は、具体的なモノの受け渡しに限らない。少し注意すれば、次の文にも同様の感覚が感じられることだろう。

(4) a. I'll show you my photo.
(写真を見せてあげるよ)
b. He told me the news.
(ニュースを報せてくれた)
c. I taught him English.
(英語を教えた)
d. The company offered her a 15% pay rise.
(会社から15%昇給の申し出があった)

さらに付言するなら、この文型を取ることを基に、動詞のもつイメージの輪郭をより正確に理解することができる。「言う」系の意味をもった代表的動詞say、talk、speak、tellの中で、このパターンを取るのはtellだけである。

(5) a. *I spoke him the news.
b. *I talked him the news.
c. *I said him the news.

tellのイメージは「情報を相手に渡す」、sayは「ことばを言う」、speakは「音声を発する」、talkは「(相手と)コミュニケーションを行う」。tellだけがこの型を取るのは自明であろう。動詞の微妙に異なる守備範囲を知る上で、文型は最重要のヒントを与える。

並置（S・V・C）のイメージ

【①並置とオーバーラップ】

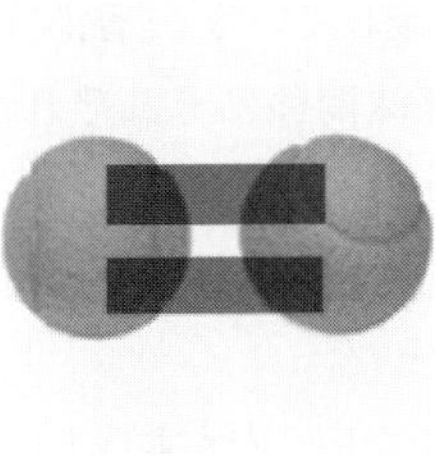

（1） Dr. Jekyll is Mr. Hyde.
（ジキル博士はハイド氏である）

be動詞を代表とするこの文型の構造は最も原始的なものである。このパターンの背後には「並置」という最も単純な、そして力強いイメージが流れている。

(1)の文は本質的に「ジキル」と「ハイド」が並べられ、その間に「＝」の関係が想起されている。

（2） She is beautiful.（彼女は美しい）

この場合も単に「彼女」と「美しい」が並置され、その間に「＝」が想起されているに過ぎない。be動詞それ自体に「＝」をあらわす魔法の力が備わっているわけではなく、2つの要素が並べられている、そのことに意味があるのだ。

この形に「並置」という非常に原始的な構造を認めると、次のような文もその射程に入ってこよう。

（3） a. We **got** wet.（濡れてしまった）
b. Hong Kong **sounds** good.（香港かぁ、いいね）

c. Keiichi became a dentist.

（圭一は歯医者になった）

これらの形は、We/wet、Hong Kong/good、Keiichi/dentistの並置が生み出す「私たちは濡れている」「香港はいい」「圭一は歯医者だ」という意味関係にそれぞれ、get、sound（聞こえる）、becomeのイメージがオーバーラップしているだけの形なのである。つまり、「圭一＝歯医者」に「なる(become)」ということだ。

この文型に関して言うべきことは少ない。だが並置という原始的なメカニズムが、英語に豊かな表現力を与えていることを考えれば、もう少しことばを尽くす必要があるだろう。

【②並置のメカニズム】

並置は単に2つの要素を並べるだけの、考え得る限り最も単純な構造である。こうした構造が英語の中で縦横無尽の働きをしているのも、2つのものが並べられていれば、その間に何らかの関係を想起するのが我われ人間の認識の常であるからだ。

(1) わたし 41歳 。

こうした片言の日本語が意味するところを、我われは瞬時に理解する。「わたし」と「41歳」の間に、暗黙の「＝」

を読み取るからだ。英語でもこうした文章を目にすることがある。

(2) You fool!(この馬鹿者が!)

理性が抑圧され、感情が激流となって溢れ出すこういった場合に並置が出てくることは、この形式がもつ原始的な性質を如実にあらわしているだろう。

この並置という形は、(2)のように独立文として現れると舌足らずの印象は否めないが、実は文内においては非常に頻繁に現れ、それが英語に豊かな表現力をもたらしている。

(3) a. Mr Blair, the British Prime Minister, has offered total support to President Bush.
(イギリス首相のブレア氏はブッシュ大統領に全面的支持を申し出た)

b. Mr. Burns, who took over as CEO last year, has made sweeping changes.
(バーンズ氏は昨年CEOになったが、大改革を行っている)

カンマを配した典型的な並置であるが、このように単に並置しただけで「ブレア(=)首相」「バーンズ(=)昨年委員長になった人」と「=」の関係が想起されるのがわかるだろう(bはaと同一の音調で読まれる。同じ並置の感触が息づいているのだ)。

もちろん並置という形のもたらす意味は「=」だけではない。並べられた要素から、もっとも自然な関係が想起されるのだ。前節で説明した分詞構文が好例であろう。

(4) Raising my eyes, I saw what appeared to be a UFO in the sky.
(顔を上げるとUFOらしき物が見えた)

単に2つの状況が並べられており、その間に「同時性(時間的な〔=〕)」が想起されているのだが、分詞構文は「同時性」以外に「因果関係」をあらわすこともあった(第1章「-ING」参照)。

(5) Finding no support, I had to abandon the project.
(支持が得られなかったので、プロジェクトは諦めざるをえなかった)

並べた状況の間に「因果関係」を想起する、これは我われのもつ、いわば認識のクセである。「0点の答案用紙」と「たんこぶを作った子供」が並んでいれば、その間に因果関係を想定しない人はいないだろう。このクセは、分詞構文だけに見られるものではない。下のandで結ばれた2つの状況の間には、やはり因果関係が感じられよう。

a. It rained and we got wet.
(ひどく降ってて濡れた)

この点において、お馴染みのasという接続詞は実に興味深い。asは数多くの訳に対応するがその理由は、この語が単に「2つを並べる」というイメージを担っているからである。そしてこの並置の接続詞の代表的用例には——当然のことながら——「同時性」と「因果関係」が含まれるのである。

b. As it rained hard, we got wet.
(ひどく降ったので濡れた)
c. As she opened the front door, she heard someone moving inside.
(彼女が玄関を開けると、何かが中で動く音がした)
d. As the famous star entered the room, everybody applauded, wildly.
(有名なスターが部屋に入ると、皆熱狂的に拍手した)

(b)は「因果関係」、(c)は「同時性」の例である。もちろんasはこういった「用法」に分類されて使われるわけではない。「因果関係」も「同時性」も併せ感じられる例も多い(d)。

並置は、要素が単に並べられその間に自然な関係が想起される、という単純な形式である。そしてそれだけに、頻度も自由度も著しく高い。

(6) I'll make you happy.（幸せにするよ）

ネイティブはこの文を、「make＋目的語＋補語」といった「製法」を用いて捻りだしているわけではない。次のような意識が働いているのである。

(7) I'll make you happy.
状況

つまり「ある状況をmakeする」という意識だ。そしてその状況は、you と happy という2つの要素が単に並置されることによって作られている。つまりは「『あなたが幸せ』をmakeするよ」ということだ。ネイティブはこの文を作るために、何ら付加的な労力を費やしているわけではない。I'll make a box. と――「作る」のが状況というだけで――基本的には同じなのだ。

(8) a. I found Ken generous.
（彼が寛大だとわかった）
b. Careful! You'll get your clothes wet.
（気を付けろ。服が濡れるぞ）
c. I'll have my steak rare.（レアにするよ）

どの文においても、並置された要素が叙述(主語－述語の)関係を結び、「彼は正直」などある一定の状況をあらわしていることがわかるだろう。それをfind、get、haveする、ただそれだけの単純な文である。

並置される要素はさまざまである。

(9) a. Me weak ? No way!
(俺が弱いってのか? まさか!)
b. Me marry Chiharu ? No way!
(僕が千春と結婚? まさか!)
c. Me kissing my secretary ? No way!
(秘書とキスしてたって言うのかい? まさか!)
d. Me scared ? No way!
(僕が怖がってるって? まさか!)

独立文のためやはり舌足らずな印象は否めないが、それでも不自然な英語ではない。並置された要素に注目しよう。Meとweak(形容詞)、marry Chiharu(動詞原形)、kissing my secretary(-ing)、scared(過去分詞)が叙述関係を結び、状況を形作っている。

学校文法の中で、ことのほか複雑な「製法」の暗記を余儀なくされる「使役構文」「知覚構文」も、そこに並置が含まれていることさえ理解できれば造作はない。「have＋目的語＋動詞原形(現在分詞・過去分詞):～させる、～してもらう」などと、ネイティブが思いも寄らぬ念仏を唱えることはないのだ。

(10) I had Yoshiko help me .
状況

(よし子に助けてもらった)

Yoshikoとhelp meが「よし子が助ける」という状況をあらわしている、それをhadした、ということだ。I have a penと変わるところはない。過去分詞も並べてみよう。

(11) I had my hair cut .
状況

(髪の毛を切ってもらった)

過去分詞であるが故に、my hairとcutが「髪の毛が切られる」という受動的な状況を作っているに過ぎない。次は知覚構文。

(12) I saw Lucy stealing the dress .
状況

(ルーシーがドレスを盗んでいるのを見た)

Lucyと-ingが生き生きとした状況を作っていることが既に見て取れるだろう。

並置の話をこれで終わろう。さらに詳しく解説したいところだが、これ以上紙数はさけない。その代わりとして短い文章を読んでいただく。英語でどれほど頻繁に「並置」が使われているのかが理解できよう。そしてこの原始的なイメージを知ることで、どれほど無益な暗記を省くことができるのか。ご賢察願いたい(︶は隣接部の並置、→は文全体、広範囲に並置が行われていることを示す)。

(1) I sat on the beach, cosy and warm in my thick duffle coat, listening to (2) the waves roar and watching (3) the gulls dive repeatedly into the foaming sea. I loved (4) the way the colour of the water changed with the movement of the clouds. I (5) sat there hypnotised. That was my big mistake. I didn't hear (6) the bunch of yobbos approaching. When I turned round it was too late. (7) They lay into me, laughing and taunting: " (8) You wimp!" I don't know how long it all lasted because I lost consciousness. When (9) the old man walking his dog found me, (10) I was laying with (11) my hands covering my face, in the embryo position, the tide already washing up against my body.

〈大意〉波の音を聞きながら、私はビーチに座っていた。カモメが何度も泡立つ海にダイブを繰り返している。分厚いダッフルコートが暖かく心地よい。雲が動くたびに海の色が変わっていく。その様子を心ここにあらずの体《てい》で、見入っていた。それが大きな誤りだったのだ。チンピラが大勢やってくるのに気が付かず、振り返ったときにはもう遅かった。「こいつビビリやがってよー」殴りながらの悪口雑言……。それがどのくらい続いたのかわからない。犬の散歩に来た老人が私を見つけたとき、私は手で顔を覆いながら――胎児の格好で――横たわっていた。その時既に満ちてきた潮が体を洗っていたのだった。

解説

(1-3)

sat on the beach ┬ cozy and warm…
　　　　　　　　 ├ listening to the waves roar
　　　　　　　　 └ watching the gulls dive repeated ly…

sat on the beachがcozy…、listening to…、watching…の並置によって重層的な状況を作っている。またlisten to、watchingしている内容も並置による状況である。

(4) the wayとthe colour…の文が並置され、「どういったwayなのか」が説明されている。

(5) sat thereがhypnotised（過去分詞：うっとりさせられる）と並置され、どのような状態でsat thereだったのかが説明されている。

(6) 何をhearしたのか。the bunch of yobbosとap-

proachingが並置され「チンピラが近づいてくる」という生々しい状況を、である。

(7) 2つの状況が並置され、同時に起こっていることを示している。

(8) もっとも原始的な並置。「お前・腰抜け」。

(9) 並置されたwalking his dogが、生き生きした状況をold manに貼りつけている。

(10) I was laying…とthe tide already washing up…の2つの状況が並べられ、同時に起こっている様をあらわしている。

(11) my handsとcovering my faceが並置され、「手で顔を覆っている」という状況を作る。さらに同時性をあらわすwith（P.166を参照）が使われているので、「手で顔を覆いながら横たわっていた」。

Nameタイプ(S・V・O・C)のイメージ

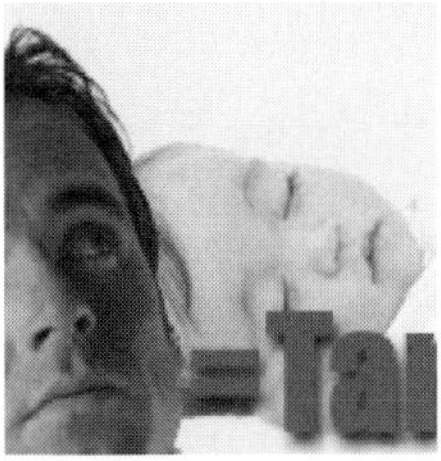

この「文型」は不要であろう。

(1) I named him Taro.

nameする、という行為によって「him/Taro」という並置が起こったにすぎない。

さてここまでの説明で、学校文法が標準的に扱う文型を、

5文型、形容詞文型(to不定詞を取る形容詞)、使役構文、知覚構文、などを含めすべて網羅したはずである。それぞれの型が実に単純なイメージと結びついていることを理解していただけたはずである。文型という最も無味乾燥な領域でも、切り開けば血が出てくる。豊かな生きたイメージに支えられているのである。

9. 第1章まとめ

感覚はどこにでもある。この単純な事実に気がつくだけで、感覚を抽出したイメージをその核とするだけで、英語学習の質は変貌を遂げる。不器用な機械的暗記から有機的につながる効率的な学習へ。次章では、このテーマ——感覚の遍在——をさらに深く掘り下げる。

第２章

時制を再構築する

感覚の通わぬ世界とは

1. イメージのない英語表現

前章では、英語表現の至るところに感覚が遍在すること、そしてさまざまな例を通じ、イメージで文法を構成することが如何に文法を簡素化し効率化するかを論じた。その延長線上にあり問われるべきは以下であろう。

イメージのない言語表現は果たして存在可能か？

「感覚の文法」にとって、この問いは重い。我われの文法は、イメージなしで紡ぐことができないからだ。

イメージが表現に緊密に結びつけられた感覚を抽出したものであるとすれば、この問いは、

人間の感覚が介在しない表現は存在しうるか？

と等価である。外界の(物理的・客観的)事物と感覚を介さずダイレクトにつながった表現があるか、ということである。

この問いに対する答えは、とくに複雑な議論を要しない。

前章で取り上げた「うさぎあひる」にもう一度登場してもらおう。

この図──厳密には「図」ですらないだろう、「図」とするの

は我われの認識活動の成果であり、実際には「紙の上に点在する黒色インクによる線と点」ということになろう――は「あひる」「うさぎ」と、2通りに解釈が可能であった。つまり我われは外界の事物をありのままに受け入れているわけではない。常に「あひるだ」「うさぎだ」と、感覚による解釈を加えながら認識しているのである。我われが常に、外界の事物に一定の解釈を与えながら世界を認識しているとすれば、我われの認識の有り様を表現することばがそれら事物とダイレクトにつながることはあり得ないだろう。

だが、感覚を排除し無機質な規則体系を指向する学校文法では――俄《にわか》には信じられないだろうが――こうした「感覚を介在しない英語表現」があると固く信じられているようだ。本章ではその端的な一例――時制――を取り上げよう。現在・過去・未来をあらわす文の要素の話である。

2.　学校文法での「時」

学校文法での「時制」は、ある非常に単純な前提の上に成り立っている。

(1)　現在時制：現在時をあらわす
　　 過去時制：過去時をあらわす

時制は(感覚を介在せず)物理的・客観的時間の流れと単純に対応づけられている、という主張である。極端な場合には「will/be going toは未来時制であり、未来時をあらわす」がつくこともあろう。

この前提が間違いであることはすぐに証明することができる。

> We were sitting in the class waiting for McVay's boring lecture when suddenly Daisuke runs in and announces that all classes have been cancelled due to the typhoon. Well, we all start yelling"Yes!!" "Great!!" and run out of the classroom laughing our heads off. What wonderful students we are!

〔大訳〕

僕らは教室で、マクベイのつまらない講義を待っていた。そこに、大介が突然走ってきた。台風で授業は全部休講。みんなは口々に「やったー」などと叫び出し、笑いながら教室を飛び出す。僕たちってなんて素晴らしい学生なんだろう。

最初の文で明らかにされている通り、客観的なタイムスケールの上に並べれば、すべては過去時に属することだ。だが下線を引いた現在形に何も不思議なことはあるまい。つまり、明らかに「現在形＝現在時」という単純な対応は認められない。こうした現象は、日本語でも日常頻繁に見受けられる。

　むかしむかし　あるところに　おじいさんとおばあさんがいました。むかしばなしの　かんれいに　したがっておじいさんは　山に　しばかりに　おばあさんは　川へ　せんたくにいきました。

　おばあさんが　川で　せんたくを　していると　むこうからどんぶらこどんぶらこと　ももたろうが　ながれてきます。

「おやまあ　なんて　りっぱな　ももたろう　なのでしょう」

いえに　かえって　ももたろうを　ふたつに　わってみると、なかから　ちが　でてきました。

　もちろん学校文法でもこの程度の不備は十分認識されており、現在時制の項には、概略「歴史的現在：現在時制は過去の出来事を生き生きと描写することがある」との付則がある。しかし、これは明らかな矛盾だ。一方で「現在形＝現在時」と規則を立てておきながら、もう一方では「現在形＝過去時」との付則があるからである。

　それでは次の文はどうか。

(2) a. If you **meet** Ken, tell him we're going to the pub at 8.
(もしケンに会ったら、8時に飲み屋に行く予定だって伝えてくれ)
b. They'll call us as soon as they **have** any news.
(何かわかったらすぐに電話をくれるよ)

彼らは恐ろしくないのだろうか。彼らの論法に従えばこれらの文では「現在形＝未来時」となってしまうのだ。つまり先の例と併せ、「現在形は、過去時も未来時もそしてもちろん現在時もあらわすことができる」と言わなくてはならなくなってしまう。しかし、彼らは「未来をあらわす副詞節の中では現在形を用いる」と書いて安心している。

すでに読者諸兄にはこの「現在形＝現在時」という、言語を物理的・客観的時間の流れと単純に対応づけることの危険、あるいは非論理性が明らかになったであろう。

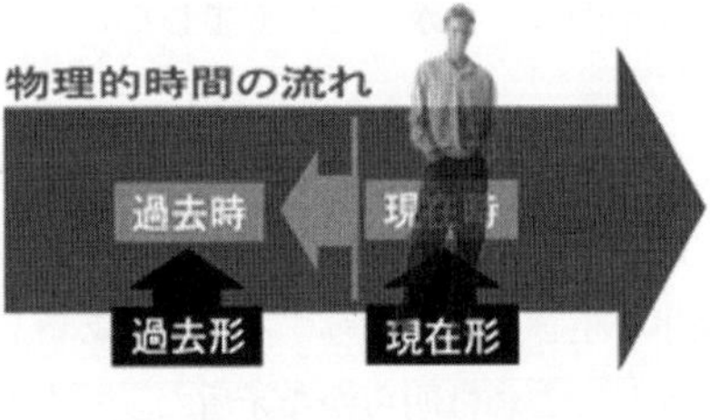

現在・過去といった時制は、物理的時間の流れと対応しているわけではない。上のような単純な対応関係では時制を語ることはできないのである。

時制もまた言語表現である以上、私たちが認識するところの「時」──「時」に対する我われのイメージ──に対応している。「時」は我われの心の中にあるのだ。この前提に立って初めて、英語の時制は驚嘆すべき精緻な、そして単純な姿を見せてくれる。それは十分学習可能な合理的な姿である。

「時」イメージの話を始めよう。

3.　過去形のイメージ

過去形の基本イメージ

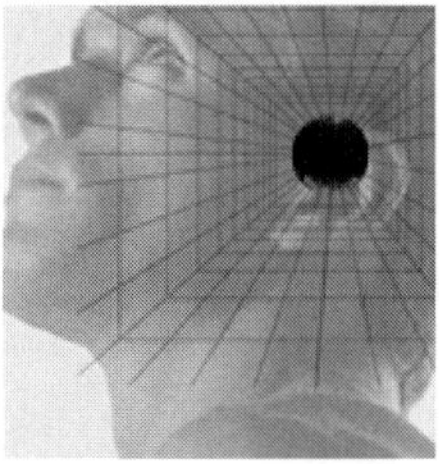

過去形を支配しているのは、「過去時の出来事」などといった物理的な時概念ではない。目線だ。出来事を眺める過去形特有の目線である。

過去形のもつ目線は、過去と近しい関係にある現在完了との対比によって明らかにすることができるであろう。

(1)　a. We’**ve been** members for nearly 5 years.
　　(5年間会員です)
　b. We **were** members for nearly 5 years.
　　(5年間会員だった)

日本語訳と同様な意味の開きが英語にもある。(1a)は現在も会員であり、(1b)は単なる歴史の1ページについて語っているのである。現在は河原の打ちっ放しで練習しているのだ。

(2) a. Oh, no! I've **laddered** my stockings!
(あ。ストッキング、デンセンさせちゃった！)
b. I **laddered** my stockings.
(ストッキングをデンセンさせた)

(2a)はデンセンしたストッキングを手元において「やっちゃった」という感触があるのに対し(現在完了のイメージについては後に触れる)、(2b)は単に過去の事実。現在と隔離された過去の歴史の1コマに言及している。現在完了とのこうした微妙な差異が、過去の目線を雄弁に物語ってくれるだろう。さらに微妙な例をあげよう。

(3) a. Where **have I left** my umbrella?
b. Where **did** I leave my umbrella?
(傘どこに置いたっけ?)

微妙な視点の違いを感じることができるだろうか。(3a)は現在に焦点がある。もちろん「どこに置いたのか」であるが、そこから「傘は今どこにあるのだろうか」という現在の状況への目線が強く感じられる。ところが(3b)は過去の情景――遠く離れた歴史の1コマ――を眺めているに過ぎない。「(あの時)傘どうしたっけな」と思い出しているのだ(同様の例をもう一度、現在完了の項で取り上げる)。

さてすでに過去形に独特な目線の正体は明らかであろう。それは**歴史の1コマを眺める目線である。遠くの、セピアカラーの出来事を眺める視線である**。そのフィールを携えて次の文を吟味していただこう。どちらがより自然に感じられるか。

(4) a. **I've twisted** my ankle, so I can't run in the marathon.
b. **I twisted** my ankle, so I can't run in the marathon.
(足を挫《くじ》いたからマラソンには出られないよ)

もちろん自然な文はaである。そこに現在の状況への焦点が感じられるから、so以降への視点の移動がよりスムーズなのである。過去の歴史の1コマは、so以降のあらわす現在への架け橋として機能しない。最後に少し長めの文章を吟味して仕上げとしよう。

(5) I work for CMM. First, let me tell you a little about the history of our company. We started up in Tokyo in 1937 and then entered the North American market in 1955. Two years later, in

1957, we opened our first European office in Geneva, Switzerland. We built our first overseas production plant in Taiwan in 1970. Now we have production facilities in 13 countries and employ around 80,000 people.

(CMMから参りました。まずCMMのこれまでの歩みから紹介させていただきます。1937年東京において創業の後、1955年アメリカ市場参入、1957年にはスイスのジュネーブに最初の事務所を設置しました。最初の海外生産プラントは1970年の台湾となります。現在世界13カ国に生産拠点、およそ80,000人の従業員を有しております)

月並みな会社紹介であるが、この文章の過去形がすべて過去の歴史の1コマを物語っていることが見て取れよう。今と乖離《かいり》した歴史を時の流れの上にポンポンと配置している感触。それが過去形のもつ視線である。

英語の中の過去は、物理的時間軸に沿って存在するのではない。**遠く離れたものを眺める意識、話し手のそうした視線の中にのみ存在する**のである。これを過去形のもつ基本イメージとしよう。過去形の用例すべてはこのイメージの延長線上に位置する。

過去イメージの派生

イメージが複数の解釈を許し、豊かな派生的イメージを生み出すことについては先に触れた。過去イメージも同じである。「遠く離れた」イメージは、その解釈により、さまざまな派生イメージを生み出している。代表的なものをあげてみよう。

（1） a. **Could** you close the door, please?
（ドアを閉めていただけますか？）
b. Even a child **could** understand it.
（子供でさえで理解きるかもしれないなぁ）
c. If you **kissed** me, I **would** scream.
（〔そんなことしないだろうけど〕キスしたら叫ぶわよ）

（1a）丁寧表現、（1b）控えめな表現、（1c）仮定法と別々の言葉で説明されている現象であるが、過去形を使っていることに疑いの余地はあるまい。（1c）の仮定法は「特別の形」であり過去形ではない、という議論はあるが、

If I **was** you, I wouldn't agree to do it.
（もし君だったら、そんなことに同意はしないだろう）

こうした、wereの代わりにwasを用いた形が市民権を得てきたということは、この形を過去形と見《み》做《な》す圧力と考えることができるだろう。

ところでこれらの「用法」は、それぞれの過去形に「こ

れは仮定法」と印がついているわけではない。同じ文であっても場面によっては別の「用法」として機能しうる。

(2) 会議の席上、社運を賭けたプロジェクトへの意見を求められている。ところがこのプロジェクトには賛否両論があり、下手な意見を言うと墓穴を掘る状況。あなたは……、

a. I would prefer to keep my opinion to myself.
(ここでは意見を差し控えさせていただきます)

会議室を出たあなたは、部下と喫茶店へ。ひとしきりプロジェクトの欠点を並べた後、あなたは……、

b. But in front of the manager, I would prefer to keep my opinion to myself.
(でも部長の前では意見したりしないだろうなぁ)

会社に帰ると社長室の前に、先ほどの会議に出席していた同期が。この男、営業成績不振で、上役にニラまれるとクビが危ない。どうやらプロジェクト反対を直訴しに来たようだ。あなたは……、

c. In your shoes, I would prefer to keep my opinion to myself.

（君の立場なら自分の意見を言ったりしないだろうな）

つまり同じ過去形があるときには「丁寧表現」に、あるときには「控えめな表現」、そして「仮定法」に、その場その場において解釈されているに過ぎないのである。この事情はすでに紹介した、over、forなどの前置詞などと並行しているだろう。すなわち過去イメージに解釈が加えられ、さまざまな派生的イメージを生み出しているに過ぎないのである。それでは早速、過去の派生イメージを1つ1つ吟味していくことにしよう。

丁寧表現

(1) a. Can/Will you play the piano for us?
（ピアノ弾いてくれない?）
b. Could/Would you play the piano for us?
（ピアノ弾いてくれませんか?）

「～してくれない？」程度の(1a)に比して、(1b)は明らかに丁寧度が増した表現である。丁寧表現にしばしば過去形が登場するのは、丁寧さとはそもそも「距離」に依存するものだからだ。

(2) Play the piano for us.（ピアノ弾け）

命令文が、酷く尊大――ほとんど大人が子供に指示しているような——に響くのは、自分の要求を直接(そこから距離を取らず)述べていることにある。オブラートにくるんでいない「生」の表現だからである。本来の言い分、欲求からいかに距離を取るか、英語にはさまざまな仕組みがあるが、最も簡便な方法は助動詞を使うことであろう。

Can you…?/Will you…?は、(少なくとも字義的には)相手の「能力(できる)」「意志」を尋ねる形になっていることに注意しよう。直接ピアノを弾いて欲しいという要望を相手にぶつけるのではなく、そうした能力・意志があるのか、とワンクッションおいているところにこれらの表現のもつ丁寧さの起源がある。また、命令文と異なり疑問文の体裁を取っているところも重要であろう。

(3) a. Let's play tennis.
b. Shall we play tennis?

共に「…しよう」という表現ではあるが、(3b)の形には相手に対する配慮が感じられる。疑問文の形を取ることにより、相手の意見を尊重する態度が表明されるわけだ。

過去形が丁寧表現に用いられるのは、would/could you…?などの固定表現に限ったことではない。

(4) a. I **hope** you can come with me.
b. I **hoped** you could come with me.
(おいでいただけるといいのですが)

(4a)のhopeは「現在の希望」を生の形で出しており、暑苦しい表現になっている。そこから過去形で「離れて」みよう。もちろんメッセージは変わらない。しかしそれを──形の上だけでも──離れたものとして提示することによって、(4b)の聞き手に対する圧力の低い文が達成されるのである。恐らく読者はホテルなどで次のような文に出会ったことがあるはずだ。

(5) How long did you plan on staying, sir?
（どのくらいお泊まりになるご予定でしょうか？）

もちろんHow many days are you going to stay? ということだ。だがこのままでは、他人の予定に首を突っ込んで詮索しているような、かなり立ち入った響きがある。過去形を使って「離れる」ことによって、nosyな感触を消し去っているのである。

助動詞を使う、過去形を使う。そこには同じ動機がある。「離れる」ということ。そしてそれが「ダブル」で使われているのが、(1 b)のCould/Would you...?なのである。

丁寧表現に過去形が用いられるのは何ら不思議なことではない。過去形がもつイメージ──距離感。それが丁寧さをあらわすのに適しているに過ぎないのだ。

助動詞のトーンダウン

次は「控えめな表現」を取り上げよう。would、could、mightなど助動詞の過去形は、本来の「過去をあらわす」以外に「トーンダウンしたwill、can、may」という機能をもっている。

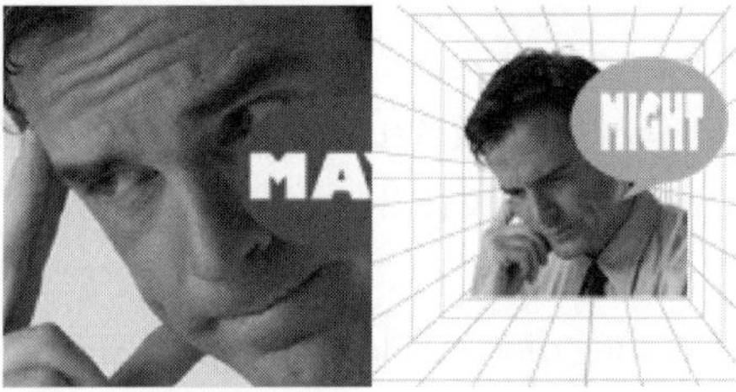

（1） a. I **may** be a little late.
（遅れるかもしれない）
b. I **might** be a little late.
（ひょっとして遅れるかもしれない）

mayは本来50-50程度の可能性をあらわす助動詞である。その過去形mightとなると「ひょっとして……するかもしれない」程度、せいぜい30%ぐらいの可能性となる。こうした「過去をあらわさない」助動詞の過去形は非常に頻繁に登場し、このmightなど本来のmayの過去として機能することが稀なほどである。willとcanについても例をあげよう。

(2) a. Everyone says sashimi is delicious; I won't (wouldn't) try it though.
(みんなは刺し身がおいしいって言うけど、僕は絶対食べない［食べないだろうな］)

b. That will (would) be the pizza.
(［玄関のチャイムを聞いて］ピザだ［かもしれないな］)

c. Jim can (could) fix it.
(ジムなら直せるよ［直せるかもなぁ］)

d. August in Tokyo can (could) be stiflingly hot.
(東京の8月はときに息苦しくなるほど暑くなる［ことがあるかもしれない］)

どの例文にも先ほど同様トーンダウンしたフィールを感じることができるだろう。

理屈は全く同じ。過去形のもつ距離感がcan、will、mayという「生」の主張からの距離を想起させ、その本来の強さから一歩退いた感触を醸しているのだ。

仮定法

過去形のもつ距離感。興味深いことに仮定法もこの延長線上に存在している。仮定法――その事態の実現可能性が著しく低い、あるいは全く事実に反することを示す形――もその核になるメカニズムは距離感だからである。

(1) a. I wish I had more brains!

(もっと賢かったらなぁ！)

b. In your place I wouldn't say that.

(君の立場ならそんなことは言わないよ)

(1a)は現在のwishに関して述べている文である。本来現在形haveを用いるべきところに過去形hadが使われている。(1b)も同様。つまり「現在➡過去」へと時制をシフトすることによって、仮定法のニュアンス(反事実)が出てくるというわけだ。このメカニズムはif節を使う場合にも変わるところがない。

(2) a. If you kiss me, I'll scream.

b. If you kissed me, I'd scream.

(キスしたら、叫ぶわよ)

(2a)の文は、単に「もしキスしたら」という何らバイアスのかかっていないただのif節である。しかし時制をシフトし、過去形を使う(kissed)と仮定法特有のニュアンスが飛び出してくる。

「(キスしたりはしないだろうけれど)もしキスしたら……」となる。

(3) a. He acts as if he's been here before.

b. He acts as if he'd been here before.

(ここに来たことがあるかのようだ)

as if (あたかも〜のように)というお馴染みのフレーズも単なるif節に過ぎない。(3a)は単に「来たことがあるかのように」という平たい言い回し。ところが(3b)には「(来たことがないのに)来たことがあるかのように」と、仮定法のニュアンスが顔を出している。

仮定法の習得に必要な知識はもちろんこれだけではないが、その中心にあるメカニズムはこうした単純なものである。時制を過去方向にシフトする——現在を述べる際に過去形を使う——単純なメカニズム。その起源は、すでに過去形のイメージに親しんできた我われの想像を超えるものではない。

視線である。非現実的な、可能性が著しく低い出来事を眺めるときの我われの視線を再確認すればいい。「自分に天使の羽根が生えていたら」「朝起きたら枕もとに100億円置いてあったら」、こうした想像を実際行ってみよう。顎が心もち上がり、視線は宙を泳ぐだろう。そう、**遠くのものを眺めるように**、だ。

我われは現実離れした事柄を身の回りのものとして認識することはできない。自分からかけ離れた距離あるものとしてとらえるのである。

それをことばの上で実現するもの。それが過去形であるということだ。

過去形のイメージ（まとめ）

過去形は物理的過去時ではなく、距離感のイメージに対応する。イメージであるが故に、さまざまな派生的用法を生み出す力をもっているのである。

4. 現在形のもつイメージ

現在形も過去形と同様、物理的現在時と対応するわけではない。

（1） a. The movie **begins** at 7.
（映画は7時に始まります）
b. I'll call you as soon as I **get** home.
（家に着いたら電話するよ）
c. I was watching TV when suddenly the whole room **starts** shaking.
（テレビを見ていたら突然部屋全体が揺れ出すんだよ）

現在形がもし物理的現在時を語るためのものであれば、(1a-c)は従来通り特記事項とされねばならないだろう。(1a-b)は「物理的には」未来に属し、(1c)は過去に属する事態であるからだ。そしてこれらの文に現在形が使われる本質的理由の理解と、その正確な運用は夢のまた夢と終わる。

現在形を過去形その他と分けるのは、「現在の事態」などといった感覚不在の杓子定規なものではない。そこには現在形ならではの感触がある。

現在形の基本イメージ

現在形にとって、事態は「遠くにありて思うもの」ではない。事態は私たちを包み込んでいる。現在形の基本イメージを他と決定的に分けるもの、それはこの**包まれた感触**である。

現在形のさまざまな用法はすべてこのイメージに集まってくる。まずはこのイメージを深く理解することから始めよう。

【①安定感】

現在形のイメージの中核は「包まれた感触」にあるため、その出来事がどこからどこまで続いているかについては、文脈によって明示されない限り、制限をもたない。

(1) I hate dogs.（犬が大嫌いだ）

この人物の犬嫌いは過去から現在、そしておそらく未来に至る広い範囲で成り立っているはずであり、その意味で非常に安定感のある表現となっている。

現在形のもつ安定感(制限なく事態を述べる)は、現在進行形と比べることによって明らかになろう。

(2) a. Which instrument do you play?
b. Which instrument are you playing?

(3) a. He works hard.
b. He's working hard.

(2b)、(3b)の現在進行形は短い期間が対象になっており、「今現在何を演奏しているのか?」「今は一生懸命働いている」である。ところが(2a)、(3a)には、短い期間という制限がない。**安定感のある広い範囲の事柄**をあらわしている。「楽器は何をやるんですか? (2a)」「彼は仕事に一生懸命な人です(3a)」が適訳であろう。

こうした安定感によって、現在形は恒久的に成り立つ事態もあらわすことができる。

(4) a. Whales **are** mammals.（鯨はほ乳類）
b. The earth **is** round.（地球は丸い）
c. The sun **sets** in the west.（太陽は西へ沈む）

数学、物理学など理数系分野の論文で現在形以外があまり使われないのも、これらの学問が「恒久的」真理を追究するという性質をもつためである。

(5) The 3 sides of an equilateral triangle **are** all the same length.
（正三角形の3辺の長さはみな等しい）

【②臨場感】

現在形は制限なく安定した事態ばかりをあらわすのではない。**臨場感**にもつながっている。

(1) Oh, no. Here **comes** the guard!
（ヤバイよ。守衛が来る！）

現在形の基本イメージが臨場感を惹起する理由は想像に難くあるまい。「包まれた感触」が、出来事が現在身の回りで起こっている感触とつながっているのである。

「出来事が現在起こっている」というと現在進行形を思

い出す読者も多いだろう。しかし、現在形はここでも進行形とは異なる感触を有している。

（2）The guard is coming.（守衛が来る）

進行中の出来事をあらわす最も普通の形は、現在進行形である。現在形が使われるのは、特殊な場合と言ってよい。

現在形はその出来事が、「発言と同時に」「目の前で起こって」いなくては使えない形である。(1)は守衛が目の前をまさに歩いて来ている、そうした状況でなければ使えない。まさに出来事がダイナミックに発言者を包んでいる感覚がなければ使えない形なのである。

一方現在進行形は、現在起こっている出来事のいわば客観的な描写である。どんな状況にでも、それが現在起こっている限り使える。守衛が見えている場合も、また見えておらず見張り役から連絡をうけた泥棒が仲間に「おい、守衛がこっちに向かっているぞ」と言う時にも使うことができる。

次の例も、現在形の強い同時性を示す好例であろう。

（3）a. I suggest the culprits be severely punished.
（犯人は厳罰に処すべきだと思います）
b. I promise I'll pay you back.
（金は返すよ。約束するよ）
c. I sentence you to the death penalty.

（死刑を宣告する）

これらの例では、発言と同時に行為がなされている。たとえばsuggest、promise、sentenceと発言すると同時に「意見を言う」「約束をする」「判決を行う」という行為が成立しているのである。進行形はこの場合もやはり客観的な事実描写である。

(4) a. Are you **suggesting** that I am a liar?
（私が嘘つきだって言っているのか？）
b. The judge is now **sentencing** the prisoner.
（裁判官は現在被告に判決を下している）

単なる事実描写であり、発言と同時に出来事が成立している感覚がないことに注意されたい。

現在形のもつ基本イメージ――包まれた感触――は、それが如何に使われようと確固として保たれている。それを確認していこう。

未来をあらわす現在形

現在形は、未来をあらわすことがある。しかしそれはカレンダー的な事実・プログラム・タイムテーブルなど、すでに起こることが確実視されるものに限定されている。

(1) a. Thanksgiving **falls** on a Friday this year.
(今年の感謝祭は金曜日になる)
b. John **starts** his new job tomorrow.
(ジョンは明日から新しい仕事を始めます)
c. The next train for Cambridge **leaves** at 10:17 from platform 5.
(ケンブリッジ行きの次の電車は10時17分、5番線からです)

「未来をあらわす」とは言っても、これらは変更されることのない安定した事態である。我われを包み込む安定した事態——それは現在形の基本的な属性なのだ。

未来をあらわす副詞節

学校文法には不思議な文法規則がある。「未来をあらわす副詞節では現在形を使う」。これほど妙な規則も滅多にあるまい。

(1) a. **If you meet Ken**, tell him we're going to the pub at 8.
(もしケンに会ったら、8時に飲み屋に行く予定だって伝えてくれ)
b. They'll call us **as soon as they have any news**.
(何かわかったらすぐに電話をくれるよ)

もし未来を物理的時間と考えれば、if、as soon as以下の内容は未来に属し、「未来をあらわす副詞節で現在形が使われている」ことになるのかもしれない。しかしこれまで再三述べてきたように、現在形・過去形など英語(ことば)の時制は物理的時間の流れに支配されているわけではない。

現在形のもつ**包まれている感触**がこのケースでも生きていることがわかるだろうか。話し手はyou meet Kenあるいはthey have any newsという事態の中に自分の身を置いて——その事態に包まれた感触をもって——いる。その前提に立って、tell him we're…、They'll call usと述べているのだ。事態に包まれているから現在形なのであり、「未来をあらわす副詞節では現在形を使う」という規則があるからではない。

もちろん副詞節に、willなど未来表現が顔を出すことも珍しいことではない。

(2) a. If it will lead to the release of my husband, I'll pay the ransom.
(夫の解放につながるなら、身代金を払います)
b. If you'll come this way, the doctor will see you now.
(こちらにおいでくだされば、ドクターと面会でき

ますが)

c. If you **are going to** cancel the plan, please let us know.
(計画をキャンセルするつもりなら、連絡お願いします)

次節で紹介するように、willは「予測」「意志」をあらわす助動詞である。(2a)には「それが夫の解放につながる(ことが予測できる)なら = If it can safely be predicted that paying the ransom will cause the release of my husband.」と、予測の意味が付け加わっていることがわかるだろう。また、(2b)には丁寧な依頼の感触がある。Will you come this way, please?(こちらに来てくださいますか?)と同種の丁寧さだ。もちろん前節で説明した通り、この丁寧さは相手の「意志」を尋ねるところに端を発している。つまり(2b)のwillは特別な用法ではなく、「意志」を文に加えているだけなのだ。(2c)のbe going toも自然だ。「キャンセルするつもりなら」と、「意図」が問題になっている。

これら「副詞節」中の未来表現は、例外的現象では決してない。意味の上で必要だから付け加わっている、ただそれだけのことだ。「副詞節中に未来表現は来ない」などという妙な規則さえなければ、当たり前に見えてくることなのだ。

歴史的現在

物理的時間の流れに時制が支配されているわけではない、ということを示すさらなる例がこの歴史的現在である。

「歴史的現在」とは「過去の出来事を生き生きと描写する現在形の特殊な用法」とされている。非常に奇異な、そして大げさな命名であるが、実際には話しことばでよく見られる日常的な現象である。

（1） a. You'll never believe what Helen did. She **walks** straight up to the Headmaster, **slaps** him in the face and **calls** him a male chauvinist pig! The Head was speechless!

（ヘレンが凄いことをしでかしたんだよ。校長先生のところに歩いて行って、その横っ面を張って、女性蔑視しやがってだと！　校長、何も言えなかったみたいだよ！）

b. We were just about to leave the office when suddenly these 2 guys in masks **rush** in, **tell** us all to get down on the floor and **start** trashing the place.

（ちょうど会社を出ようとしていたところだったんだよ。そこに覆面の男が2人押し入ってきて、床に腹這いになれって。それからそこら中引っかき回し始めたんだ）

日本語でもこうした現在形は全く自然である(訳を参照)。こうした当たり前の使い方が「特殊用法」とされてしまう背景には、英語の時制は物理的時間と対応しているとする前提がある。現在形は物理的現在時をあらわす形ではない。「包まれている感触」を示す形なのである。

(1b)で説明しよう。まず話し手は「離れた」過去の出来事について話を始めている。しかし話しているうちにその出来事の中に意識が引き込まれていき、「包まれた感触」となる。

過去の出来事を現在形で語るこうした文章は、一般に非常に生き生きとした感触を伴っているが、それは当たり前のことだ。聞き手に、話し手の「包まれた」意識が伝わってくるからである。またこの手の文章は書きことばよりもむしろ、話しことばに生じやすいのも理解できるだろう。文を書くとき我われは冷静に現在から過去の出来事を(遠くに)眺めがちであるが、話しことばはちがう。気持ちが容易に過去の出来事に取り込まれていく。また、話に勢いをつける1つの手法としてこうした形を使うこともしばしばである。

(2) We **were** just about to leave the office when suddenly these 2 guys in masks **rushed** in, **told** us all to get down on the floor and **started** trashing the place.

文章の中にあったはずの臨場感が根こそぎになっていることがわかるだろうか。

現在形のイメージ（まとめ）

現在形のイメージに基づいて、そのすべての「用法」に概略的な説明を与えた。学校文法にある多くの出所不明の文法規則が、「包まれた感触」の中に生き生きと収斂《しゅうれん》することを理解していただけたと思う。時制をイメージとして――ネイティブのように――理解することによって初めて、現在形はクッキリとした輪郭を現すのである。

次節では未来をあらわす表現を取り上げる。純粋に物理的未来をあらわす未来表現など――現在形・過去形と同様に――ない。事実は、未来を眺めるさまざまな「目線」があるに過ぎない。そしてその目線の違いが各々の未来表現を形作る。

5.　未来をあらわす表現

未来をあらわす表現は1つではない。

a. I will leave for Hong Kong tomorrow morning.【助動詞will】
b. I'm going to leave for Hong Kong tomorrow

morning.【be going to】

c. I'm leaving for Hong Kong tomorrow morning.【be -ing】

d. I leave for Hong Kong tomorrow morning.【現在形】

そしてこの中に、物理的未来に対応する無色透明の未来をあらわす表現は1つとしてない。それぞれが未来に対する独自の「目線」をもっている。ここでは主要な未来表現、will、be going to、be-ingを解説しよう。

willのあらわす未来

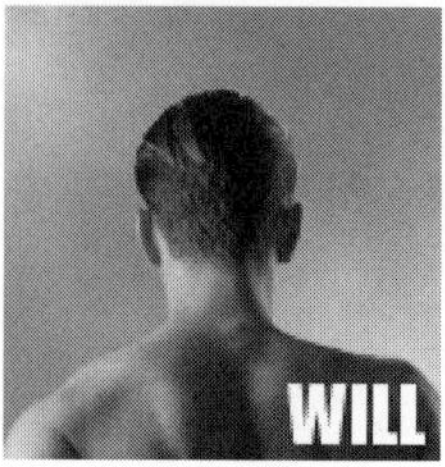

まずはwillから解説しよう。willは他の助動詞同様、2つの意味――**予測・意志**――をもっている。

(1) a. She will be in London by now.【推測】

(今頃ロンドンに着いているだろう)

b. I WILL go to the States.【意志】

(アメリカに行くんだぁ)

(注：WILLは強く読まれている)

学校英文法で「willは未来の助動詞」と繰り返されてきたせいで、そう信じている学習者は多いが、それは誤りである。willに「未来」という意味はない。話し手の心的態度をあらわすただの助動詞に過ぎない。willの用例が必ずしも未来に限定されないのは先の例文から明らかであろう。

willが未来の事態をあらわすのに都合良く使われるのは、それが予測(I believeと置き換えても遜色がないほどの、かなり高い確度をもつ)や意志(ものごとを引き起こす意志)をあらわすからである。我われにとって未来とは多くの場合、「～となるだろう」という推測、あるいは「～するぞ」という意志の対象であるからに過ぎない。下の「未来」をあらわすとされるwillも、よく見れば単に「予測(2a)」「意志(2b)」であるに過ぎない。

(2) a. She will be a good mother.
(彼女はよい母親になるだろう)
b. Oh, I just realized I have no money. ──Don't worry. I'll lend you some.(げ、お金もってないよ。──大丈夫。いくらか貸してあげるよ)

be going toのあらわす未来

be going toのあらわす未来は、その形から類推することができる。

(1) a. I'm going to the park.
(公園に向かっているところ)
b. It's going to rain.

（雨が降りそうだ）

go toは「〜に向かう」、その進行形であるということだ。つまり出来事はすでにto以下の帰結に向かって進んでいるということだ。willが単に予測するのに対し、be going toにおいて状況は既に動き出している。たとえば(1b)の文は、すでに雲が集まりこれから雨になることが予見される状況である。

（2） It will rain tomorrow.

一方willは単に「雨が降るだろう」という単なる話し手の(確度の高い)予測をあらわしており、現在その予兆がなくとも使うことができるのだ。be going toを使った文をいくつか眺めてみよう。

（3） a. I think I'm going to faint.
（気絶しそうだ）
b. Watch out! The whole building is going to collapse!
（気をつけろ！　ビル全体が崩れるぞ！）
c. Oh, no! We're going to crash!
（ああ！　ぶつかる!）

どの文にも現在すでにfaint、collapse、crashに導く原因・予兆があることが感じられるだろう。話し手はすでに気絶寸前だし(3a)、ビルは今にも倒壊しそうだし(3b)、車は絶望的な状況にある(3c)。

be going toは以上のような、**原因・予兆**だけでなく、**意図**(〜するつもり)をあらわすこともできる。

(4) a. I'm **going to** marry her.(結婚するつもりだ)

b. I'm **going to** play golf with Peter.

(ピーターとゴルフするつもりだ)

もちろんこれもbe going toのイメージからはずれることではない。決断は既になされ、marry her、play golf with Peterに向かって進んでいる最中である、ということだからだ。したがってbe going toは以下のような文で使うことができない。

(5) a.(電話が鳴り出して)

*I'm **going to** get it.(僕が取るよ)

b. Oh, no! I just realized I have no money.

——Don't worry. *I'm **going to** lend you some.

(いくらか貸してあげるよ)

c. Oh, no! *I'm **going to** call an ambulance.

(ああっ！　救急車呼ぶよ)

これらの例はどれも「その場で」決断が行われており、

be going toは使えない。あらかじめ「電話を取るつもりである」と決断していることなどないからである。「〜するよ」と意志をあらわすwillが適任であることは言うまでもないだろう。

be -ingのあらわす未来

進行形も未来の事態をあらわすことができる。だが、そういった「特殊用法」が進行形にあるわけではない。そのニュアンスは我われがすでに慣れ親しんだ進行形イメージの延長線上にある。

(1) a. I'm playing golf (now). (ゴルフをしている)
b. I'm playing golf at 3:00.
(3時にはゴルフをしている予定だ)

未来をあらわす文(1b)は、そのフィールにおいて通例の進行形の文(1a)と変わるところはない。単に「(現在)している」のか「3時にはしている」のかという違いである。我われが「3時には〜している」「6時には〜している」など、ある時点を念頭においてそこでの行動を述べる場合、それは**予定・計画**と考えて差し支えないだろう。進行形は予定・計画された未来をあらわす形なのである。進行形が未来をあらわす場合、(1b)のように具体的時点が明らかにされるか、文脈により強く示唆されるのが常であることも念のため付記しておこう。

進行形のあらわす未来は、willよりもbe going toに近接している。「〜するつもり(be going to)」と「予定・計画」との境界線はどこにあるのだろうか。次の文を眺めてみよう。

(2) A：I'm leaving for Bali next Saturday.
B：Oh, so you've already got your ticket?
A：Yes, I got it last week.

A：来週の土曜日バリに行く予定なんだよ。
B：ふーん。じゃ、もうチケット取ったんだね？
A：うん。先週買ったよ。

この会話では、I'm leavingに話し手Bが「それでは段取りが整っているにちがいない」と反応している。I'm going to leaveではこうした反応を期待できない。その場合の自然な会話は次のようなものである。

(3) A：I'm going to go to Bali.
B：Oh, have you got your ticket yet?
A：No, not yet.

A：バリに行くつもりなんだ。

B：もうチケットとった?

A：まだだよ。

ここから、ある一定の「段取り」が2つの「未来」を分けるキーワードであることが理解できるだろう。

未来表現（まとめ）

主要な未来表現を解説してきたが、重要なことは、英語には純粋に物理的未来時をあらわす表現はないということである。未来を見つめる現在の「視線」の上にそれぞれの未来表現が成り立っているということだ。

6. 「時」の自由

英語の時制は実に単純である。「遠く離れた」過去形、「包まれた感触」の現在形。話し手の感性に支配された簡素で美しい体系がそこにあるのだ。もはや読者は次のような文章を奇妙には感じないだろう。すでに学校英文法は越えたのだ。

(1) The space-station Meteor VI **was** suddenly attacked by unknown forces on the first day of 4010. None of its state-of-the-art weaponry **had** any effect against the mysterious invaders. The

captain **was** at a complete loss and **was** left with no choice but to surrender. The space-station doors **opened** to reveal the strangest creatures the Meteor VI crew had ever laid their eyes upon. They **were** all about to scream in fear and dismay, but they **were** instantly disintegrated by the invaders' invisible laser guns…
（西暦4010年最初の日、宇宙ステーションメテオⅥ号は突然、正体不明の軍団に襲われた。最新兵器で応戦するも何ら効果がなく、進退窮まったキャプテンには、降伏するしか道は残されていなかった。ステーションのドアが開くと、乗組員がこれまで見たことのない不気味な生物が……。だが恐怖と混乱で叫び声をあげる間もなく、乗組員たちの肉体は、侵略者のレーザーガンによって粉々に砕け散ったのだった）

このSF小説を読んで「4010年のことなのになぜ過去形を使うのか」などという疑問は、起こらないはずだ。書き手は物語がすべて終了した時点に自らを置き、そこから振り返る形で物語を語っている。時は物理的時間の流れとは対応しないのだ。

(2) Overworked? Stressed out? Need a break? Come to our tropical island in the sun. Relax on our golden beaches and soak up PARADISE! **You'll**

be glad you did!

（働き過ぎ？　ストレス？　休みが欲しい？　太陽の恵み溢れるこの島においでよ。黄金色の美しい砂浜でゆっくりと過ごす休日。まるで天国にいるみたい！　来てよかった、そんな気持ちになりますよ！）

最後のYou'll be glad you did. が問題である。「あなたが来る（you come）」のは未来に属することなのに、何故過去形が使われるのか。

一見不思議にみえるこの例も、話し手の心理を考えれば何の不思議もない――you'll be gladと言った時点で、話し手は未来に身を置く、そしてそこから振り返る形で「来たことを」と過去形を使っているにすぎない。

実はこの文は、熱心な読者から受けた質問の中にあったものだ。簡単なそして全く自然な英語が最も真面目な学習者にとってすら障害になっているこうした現実は、現在の学校英文法の重大な錯誤に由来するのであり、われわれはそれを真摯に受け止める必要があろう。

さて、最後の例を出そう。もはや解説の必要はあるまい。

(3)　A：I'm going to skip class tomorrow so tell me what you did, will you?

B：Sure. I'll tell you when I next see you.

A：明日授業をさぼろうと思ってんだけど、何やったか教えてくれない?

B：いいよ。次に会ったとき教えてあげるよ。

7. 第2章まとめ

イメージのない言語表現は果たして存在可能か？

冒頭で述べた疑問への答えは「否」である。

ことばは現実をそのまま語りはしない。「現在＝現在時」といった等式が成り立たないように。ことばには常に主体の感覚が反映されている。現実を捉える目線が対応している。我われはそれをイメージと呼ぶ。

なるほどことばの最も不分明な箇所——感覚——を排除し、機械的に並べれば、ことばは一見整然と——あるいは合理的、ともすれば科学的にすら——見えよう。だが、そうしたやり方で陳列した体系は、生きたことばを活写《かっしゃ》することは到底できない。本質はその不分明な感覚自体にあるのだから。感覚の性質を吟味することなしにことばは語り得ないのだから。

第3章

規則・用法を再構築する

ニュアンスの最深部へ

1.　日本語訳・規則・用法分類の虚構

イメージは英語の至る所に存在し、イメージの伴わない表現はない。我われがこれまでに確認したのはたった2つの論点である。しかもそれは極々常識的なことだ。感覚の伴わない表現などあるわけがない。だがこの「常識」を認めることは、従来の学校英文法から大きな一歩を踏み出すことになる。あらゆる表現にあらゆる言い回しに、感覚による光を当てねばならないことを意味するからだ。

学校文法はどのように感覚を記述してきたのか。表現が運ぶフィールをどれだけ学習者に伝えてきたのか。

残念ながら、その点において学校文法は及第点に遠く及ばない。学校文法が提供する情報は、「日本語訳」・「規則」・「用法」の域を出ないからだ。そしてそれらはすべて、ネイティブの感覚を写し取ることができない虚構だからである。

本章では、視覚動詞・使役構文・前置詞・時刻の一致・現在完了などを考察しながら、これら血の通わぬ虚構がどういった代物であるのかを明らかにしていく。

2.　日本語訳の虚構(1)：視覚動詞

従来の学校文法では、英語表現の「意味」の記述はほぼすべて、日本語を介して行われている。それが致命的なのだ。そのためにいくら勉強してもlook、see、watchすら使い分けることのできない学習者が量産されている。

日本語訳の虚構。ウォーミングアップとしてまず、視覚動詞を取り上げよう。多くの表現が高密度でひしめき合うこの領域で、それぞれの表現が──微妙にニュアンスを変えながら──見事に棲み分けている様を眺めてみよう。訳語を越えたニュアンスの存在。まずはそれに目を開いていただきたい。

「見る」という表現。人間の感覚の中で最も鋭敏な視覚は、彩り豊かな表現の源である。代表的なものにlook、see、watch。常用域にあるものだけでも10は下らないだろう。これらすべての表現は、他の表現に置き換えることのできない独自の色彩をもっている。次の文を眺めてみよう。

(1) カップルが歩いている。1人がふと足を止め……、
Look at the fireworks over there. Did you **see** them? Let's stay and **watch** them for a while.
(あそこの花火を見てごらんよ。今見えた?
ここでちょっと眺めていようよ)

ここにあげた3つの動詞は入れ替えることができない。文章が壊れてしまう。それがこれらの表現の存在意義である。lookの視線を

投げる(「目をやる」)感触、seeの**映像が飛び込んでくる**感触、watchの**注視**。他と一線を画すそのイメージがこれらの表現の礎《いしずえ》である。

もちろん視覚系の動詞はlook、see、watchだけにとどまらない。「ジッと見る」と訳されるものだけでも、「すごいなぁ」「綺麗だなぁ」など、魅力・賞賛の気持ちを含むgaze、目を見開いた様子が好奇・驚き・不信・威圧など、文脈によってさまざまな意味合いにつながるstare、「あの人のバッグいくらなんだろうなぁ」「今日の相手強そうだなぁ」と人・モノ・状況を値踏みする、湿度の高い視線eyeなどがある。

(2) She lay back, **gazing** at the stars.
(仰向けに寝そべって夜空の星を眺めていた)

(3) What are you **staring** at?
(何ガンつけてんだよ?)

(4) I saw you **eyeing** the new secretary!
(君、新しい秘書をじっとり見てたねぇ!)

また「チラッと見る」と訳される動詞には、イメージの中核が「しっかり見えていない」にあるglimpse、「すばやさ」にその焦点があるglanceがある。

(5) I can't be certain it's him——I only **glimpsed** his face for a second.

（彼かどうかは自信がないわ。チラッと顔を見ただけだから）

(6) She just glanced at the photo and turned crimson.
（写真をちらっと見て赤面した）

さらに、盗み見るpeep、目を細めて見るpeer、怒りに燃えて睨みつけるglare、遠くの見えづらいものを見つけるspot。

これらすべてがそれぞれ他にはない独自の存在意義をもっていること、それを示すことができるのは「訳語」など

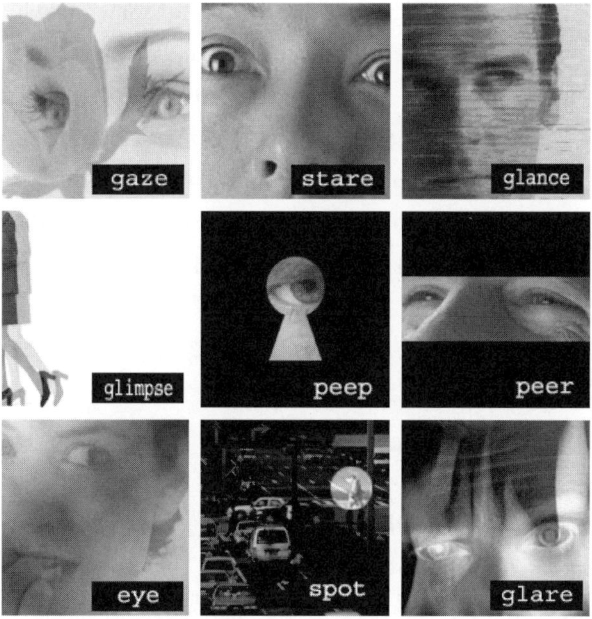

といった単純なものではない。その単語のもつニュアンスの総体――それを前ページに視覚的にあらわしてみるが――、すなわちイメージなのである。

訳語では伝わらない微細なフィール。そのすべてがこれらの存在を支えているのである。最後に流行小説から引用しよう。

(7) A few neighbors drove by, looking at the house quickly and looking away. A murder house is ugly to the neighbors, like the face of someone who betrayed them. Only outsiders and children **stare**.

(Thomas Harris, *Red Dragon*, Dell)

(近所の数人が車で通りかかったが、家を見るとすぐに視線を逸らせた。殺人事件の舞台となった家は見るに堪えなかったのだろう。あたかも裏切り者の顔のように。部外者と子供だけが好奇の目を向けるのだった)

ここでstareは最良の選択だ。訳語で学んだ英語で、それが理解できるのだろうか。

3. 日本語訳の虚構(2):使役構文のイメージ

「〜させる」「〜してもらった」。使役構文は、どの学習者も苦労するところである。形が複雑だからではない。学校文法ではいくら学習しても単純な使い分けすらできないことに絶望するからだ。

（1） a. I had my secretary fax them the details.
b. I got my secretary to fax them the details.
c. I made my secretary fax them the details.
d. I let my secretary fax them the details.
（秘書に詳細をファックスさせた）

この中でもっとも自然なのは(1a)であり、(1b)，(1c)，(1d)には程度の差こそあれ違和感がある。だが所詮訳語ではその微妙な差異を記述することはできず、この構文はすべて学習不能ということになる。

まずこの構文の形を考えてみよう。この構文はgetでtoが用いられることを除き、次のような形をしている。

I had ［my secretary　fax them the details］.
状況

枠内は第1章で説明した、単純な並置だ。my secretaryとfax them the detailsという固まりがポンポンと配置され、その間に主語－述語の関係が想起されている、つまり状況を構成しているわけだ。「そうした状況をhave（あるいはmake、let)している」という形。この形にニュアンスの微妙な差を醸し出すマジックはない。その差はひとえに主動詞have/get/make/letのニュアンス――イメージ――に依存するのである。

回り道のようではあるが、まずはそれぞれの動詞について正しいイメージを育てておこう。それが唯一の鍵であるからだ。

haveのイメージ

haveのイメージは「静」。そこに動きは感じられない。haveはholdのような「手に持つ」という行為を意味しないのだ。「～のところにある」と、基本的に**位置関係をあらわす**表現なのである。

（1） She **has** hazel eyes（a ribbon in her hair, a boyfriend, a sports car）.
（彼女は薄茶色の目をしている）

内部(hazel eyes)、接触(a ribbon)の他、何らかの力――「所有」など――の及ぶ範囲にある(a boyfriend、a car)、などさまざまな場合はあるが、「彼女という『位置』にある」という意味であり、行為をあらわすわけではない。

（2） a. We **had a couple of beers** after the match.

（試合の後数杯ビールを飲んだ）

b. Let's **have lunch** together tomorrow.

（明日、一緒にランチをとろう）

一見haveにも行為をあらわすことがあると思わせる例であるが、これらの例においてもhaveにはdrink、eatに相当する生々しい行為感は伴わない。単にa couple of beers, lunchを「haveする」といった、行為の実質を伴わないイメージなのだ。

getのイメージ

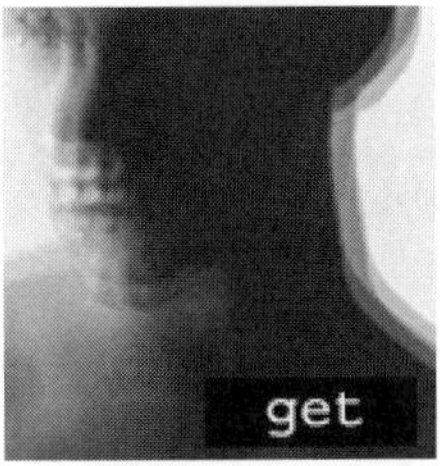

get はhaveと対照的である。その基本は「手に入れる」であるが、そこから**「動」全般を広く含意する**。まずは「手に入れる」の例から眺めよう。

（1） a. Get me a screwdriver, will you?

（ねじ回し取ってくれない?）

b. I got a birthday card from him.

（バースデーカードをもらった）

自分から動いても（1a）、向こうから来る場合でも（1b）、getの守備範囲だ。次の例はこうした動きの単なる敷衍である。

（2） a. Make sure you **get** there early.

（早めに着いておくように）

b. I don't **get** it.（わかんないよ）

動いていって「着く」、あるいはアイデアが頭に「入ってくる」、ということだ。こうした単純な行為を示すgetが「動き」全般に広がるのも自然なことだ。haveと同様「静」の典型的な動詞beと比べてみよう。

（3） a. He **was** angry.（怒っていた）

b. He **got** angry.（怒った）

特に明示されてはいないが、(3b)には「何らかの出来事があって」など、動きが含意されていることがわかるだろう。

（4） a. He **was** arrested.（逮捕された）

b. He **got** arrested.（　　〃　　）

getの作る受動態(4b)では、be動詞の受動態(4a)と比べ「予期せぬ、突然」など、やはり動的感触がある。

さて、それでは後段の説明への準備運動としてhaveとgetを並べて比較してみよう。

(5) What did you do for dinner last night?

a. ──I had an Indian take-away.

b. ──I got an Indian take-away.

(夕食どうした?

──インド料理のテイクアウトを……)

(5a)の希薄な行為感(単に「haveした」)に比して、(5b)にはダイナミックな動きを感じるはずだ。haveは単に「食べた」、getは「買ってきた」が自然な解釈である。

makeのイメージ

makeは積極的な「作る」という動作である。

(1) a. It's OK to make mistakes.

(間違ってもいいさ)

b. 1 and 3 make 4.

(1足す3は4)

(1a-b)のように意識せず「作る」場合もあるが、その中心は「意識を傾け、力を加え、あるものを作り出す」にある。次のような文にもネイティブは「作り出す」を感じている。

(2) a. She has made friends with her neighbours.

（ご近所と友達になった）

b. He made a decision to sell his house.

（家を売る決心をした）

引っ越しタオルを持って行って出会い、そこからお茶をするようになり、たまには一緒に万引きをするようになる——そうした過程を経て2人でfriendsを作る、それがmake friends withであり、一念発起してdecisionを作り出す、それがmake a decisionである。次のような例も「作り出す」である。少々意外かもしれないが。

(3) a. She'll make a great teacher.

（素晴らしい先生になるだろう）

b. We made it!（やったー！）

(3a)はShe'll be...とは、かすかに異なるニュアンスをもっている。She'll be...の場合、それは単に「素晴らしい先生になるだろう」という平たい予測だが、She'll make...は「(賢さ・やさしさなど、彼女の資質が)いい先生を作り出す」と言っているのである。教職課程などで汗を流すsheを見ながら「いい先生になるな」、などの状況がピッタリだ。makeはどこまでいっても「作る」から離れることはないのである。(3b)が「やったー！」になるのも自然だろう。努力、苦心を通じて、その状況を「作り出した」からだ。苦労に伴う解放感が感じられるからだ。

再び準備運動。have、get、makeの違いを味わってみよう。

(4) a. I **had** enough money to buy a Range Rover.
b. I **got** enough money to buy a Range Rover.
c. I **made** enough money to buy a Range Rover.
(レンジ・ローバーを買うお金を……)

何も行為感がなく単に「お金があったよ」のhave、稼いだのかもしれないし、拾ったのかもしれないし、ブラジルのおじさんの遺産をもらったのかもしれない。とにかく「動き」を感じるget、意識を傾けてお金を「作った」make。ニュアンスの違いは明らかだろう。

letのイメージ

letは先の3動詞のような複雑さと汎用性を有しない、単純な動詞である。そのイメージはallowと非常に近いところにある。「許す・同意する」ということだ。ただ、その響きは──音や綴りから──想像できる通り、allowに比べかなり軽いのではあるが。

(1) a. The terrorists didn't **let** anyone leave the theatre.
(テロリストたちは誰も劇場から出さなかった)

b. Just let me finish this email.

（このメール終わりまで書かせて）

c. Who let the fire go out?

（誰が火を消しちゃったんだい?）

(1a-b)はanyone-leave-the theatre, me-finish-this-emailという事態をletする、ということである。もちろんletは(1c)のように、意図的にではなく「許して」しまうことも許容する。

さてこれらの動詞のイメージを理解したところで、使役構文に帰ろう。もうほとんど説明はいらないはずではあるが。

使役文のニュアンス

動詞のイメージはどのように用いられても、ブレることがない。つまり下の文においてもそれぞれの動詞は、元のイメージを有しており、それが文の出来・不出来を分けているのである。

(1) a. I had my secretary fax them the details.

b. I got my secretary to fax them the details.

c. I made my secretary fax them the details.

d. I let my secretary fax them the details.

先述した通り、最も自然な文はhaveを用いた(1a)であり、(1a)→(1d)と下るにしたがって不的確な文になる。中でもletの選択は非常に苦しい。「秘書がファックスする」という事態を「許す・同意する」。この文があらわす状況はかなり特殊な状況であろうから。

haveがgetに比べ適しているのは、この文の登場人物が「私(上司)」と「秘書」であるからだ。上司が秘書にファックスをさせるのに、何か特別の行為・努力が必要とされるだろうか。それはほぼ自動的な事態であり、「当然の話」だ。具体的な行為をまるで想起させないhaveが、何らかの行為を常に含意するgetに比べより適した選択であることが理解できよう。「秘書がファックスする」という事態を「単にhaveした」に過ぎない。

さて、それでは逆の例をあげてみよう。getがhaveよりも優先される例だ。

(2) a. I **had** my parents look after my cats while I was away.
b. I **got** my parents **to** look after my cats while I was away.
(留守にしている間、両親に猫の面倒をみてもらった)

この場合haveの選択は、多少ザラッとした感触を伴う。やはりここでも問題は人間関係にある。「両親」に猫の面倒をみてもらう、そういった事態は通常自動的なものではないだろう。お伺いを立て、猫を連れて行き、ついでに両親に札束を握らせて……といった行為が容易に想像できるケースであるからだ。haveはいささか尊大に響く。

ここでgetがなぜget… to…という形を取るか、について、幾ばくかの説明を試みよう。もちろんこうした疑問に100%の解答を与えることはできない。しかしなぜgetの取るこうした形にネイティブが違和感を感じないのか、そこまでは容易に想像がつく。

V＋目的語＋to…の型を取る動詞はgetだけではない。そして動詞の型とその意味合いには――第1章で詳しく取り上げたように――密接なつながりがある。いくつかの例をあげてみよう。

(a) I **ordered** him to go.
(b) I **told** him to go.
(c) I **persuaded** him to go.
(d) I **asked** him to go.

このパターンを取る動詞の典型的な一群をあげてみた。その意味合いの共通性に気がついた読者も少なくないだろう。それは「押す」ということだ。目的語に対する「働きかけ」と言ってもよい。order/tellという命令・指示、あるいはpersuadeという説得、askという懇願が力となって、目的語をto以下の方向に押し出す、それがこのパターンの典型的なニュアンスである。そしてgetはまさにこうしたニュアンスで使われているのだ。ある行為・動きによって対象を動かす。動かして何らかのことをさせる。それがgetのニュアンスなのだ。

上の(a-d)の序列中でgetは、(b)－(c)間に相当する動詞である。(2)の両親が気難しかったりすれば、当然persuade/askレベルの「押し方」が必要になってこよう。

さて、それでは最後にmakeのニュアンスについて説明しよう。

(3) I made her cry.

ここに感じるニュアンスは、やはり「作り出す」である。意識的に強い力を与えてher-cryという状況を作り出す2本の手が感じられている。

(4) a. I had my kid brother help me.
b. I made my kid brother help me.
(弟に手伝わせた)

haveのもつ「あたかも当然のように」、makeのもつ「有無を言わさず」という雰囲気が手に取るようにわかるに違いない。もうすでに、(1c)の文がなぜ不自然に響くかについて説明する必要はないだろう。上司と秘書の関係において、力を行使して状況を作り出す必要は毛頭ないからである。

ずいぶんと長い説明となってしまった。こうした「解説」はhave、get、make、letのイメージが歪みなく建てられているならば本来不要なものだ。すべては動詞イメージの延長線上にあるからである。「させる・してもらう」などの日本語訳では全く感じ取れないニュアンスの別も、イメージなら何の造作もない。またさらに言えば、「使役動詞」などという文法事項自体そもそも不必要なのだ。have、get、make、letには状況を取る使い方がある、単にそれだけのことなのだ。

4. 日本語訳の虚構(3):前置詞の世界

前置詞もまた、日本語訳を通じての学習が絶望的な領域の1つである。第1章でも触れたように、前置詞のもつ広範なニュアンスは日本語訳や用法などの機械的学習ではとても掴み取ることができない。この感覚に満ちた世界を取り込むために、訳語は不十分なばかりか有害ですらある。まずはaboutという簡単な前置詞を例に取り、それを証明しよう。

訳語は無力であり有害ですらある

およそネイティブにとって、aboutという前置詞にミステリーめいたものは何もない。だが学校文法では「〜について」「約・およそ」など学習者を混乱させる訳語が跳梁《ちょうりょう》跋扈《ばっこ》している。そしてそれらの訳語を完全に覚えたとしても次のような、ネイティブなら子供でも理解できる文に手は届かない。

（1） We just walked **about** town.
（街をぶらっと歩き回った）

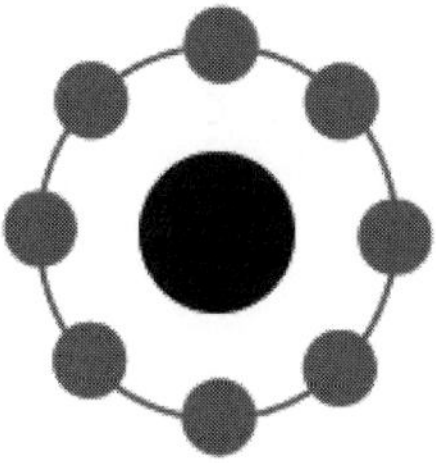

aboutのイメージは左のイラストの如きものである。「**〜のまわり**（＝(a) round）」がその根幹にある。この基本イメージから「近く・およそ」はほとんど自動的に派生する。

（2） a. It's **about** 40 kms from here.
（ここからおよそ40km）

b. Dinner's **about** ready.
（夕食の準備がだいたい整った）

c. He's **about** to die.（死にそうだ）

（2c）は「死」に近い、ということだ。

中学生がaboutに関して学ぶ最初の訳語「〜について」も、全く同じイメージである。

(3) a book **about** butterflies

ここに感じられるフィールは、基本イメージと完全に重なる。この「本」は「蝶」に関するさまざまな内容——生態・種類など——を含んでいるはずだ。すなわち「蝶」のまわりのさまざまな情報が意識されているのである。同様のイメージは「〜について」と訳すことができない多くの例にも貼りついている。set aboutを例に取ろう。

(4) I **set about** fixing the engine.
(エンジンの修理を始めた)

このフレーズは、次のような文で使うことはできない。

(5) * We **set about** watching TV.(テレビを見始めた)

同じ「始める」でもbeginとはちがう特殊なニュアンスがここにはある。しかしイメージでaboutを捉えるなら、間違いを犯す危険は少ないだろう。aboutは次のようなイ

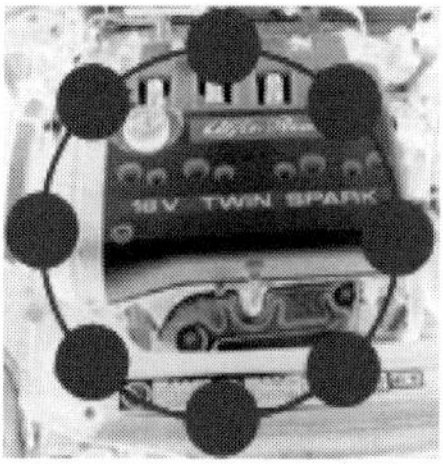

メージを喚起するからである。つまりset aboutの「始める」はbeginのように単純ではなく、付随するさまざまな準備事項が同時に想起されるのだ。watching TVのような単純な行為はset aboutには適さないのである。有名なbring aboutも同様の語感を含む。

(6) Mobile phones have **brought about** many changes in our lives.
(携帯電話は我われの生活に多くの変化をもたらした)

事をパッと起こす、というわけではない。付随するさまざまな段階が念頭に置かれる表現なのである。

まとめよう。前置詞の学習に際し、訳語はほとんど機能しないばかりか有害ですらある。本来基本イメージの簡単な派生であるいくつかの言い回しが、「約・およそ」「〜について」など、お互いまったく関係のない概念に結びつけられてしまうからである。また、訳語を与えられないケースが多々あることにも気がついたはずだ。set aboutのaboutを「ついて」とは訳せない。こうした場合「熟語」という言い回しは便利な逃げ口上であろう。だが「熟語」とした途端、set aboutに有機的に参加しているはずの

aboutのニュアンスは消える。そして消えることが致命的なのだ。

前置詞を摑むこと、前置詞を感じることは訳語などではできない。イメージ。それだけが唯一の方策である。

疲れてしまった。学校文法の不備を指摘することにほとほと倦《う》んでしまった。読者も聞き飽きたことだろう。これから少しの間旅に出ることをお許し願いたい。前置詞の繊細なニュアンスを巡る、より創造的な旅だ。

5. 前置詞のニュアンスを巡る旅

旅の起点には「我が家」がある。前置詞の旅もすでに慣れ親しんだ我が家aboutから始めよう。

about➡on

(1) a. Linda spoke about dogs.

b. Linda spoke on dogs.

どちらも「リンダは犬についての話をした」だが、ニュアンスは異なる。犬にまつわるさまざまな内容、それが(1a) aboutの語感だ。話し手であるLindaは誰でもいい。私であっても、幼稚園の先生であってもだ。ところが(1b)

のonには抜きがたい専門臭がある。話し手のLindaは動物学者か何かであろう。学術論文のタイトルで、

* About Plato's *The Republic*
（プラトンの「国家」について）

が、どうしようもなく不細工であることも同根である。

onでなくてはならないのだ。onのイメージは**接触**である。典型的には左のイラストのように「〜の上に」ではあるが、接触していさえすればonが可能である。

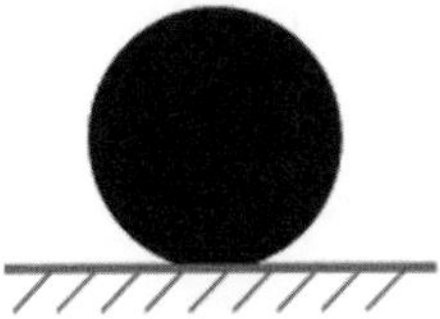

(2) a. Do you have a lighter on you?
（ライター持ってる？）
b. There's a lovely clock on the wall.
（可愛らしい時計が壁に掛かっている）

接触のonは多岐に渡るイメージの広がりを見せる。「接触」は、豊かな派生を生み出す多産性のものだからだ。

(3) a. Akasaka is on the Chiyoda line.
（赤坂は千代田線沿線）
b. He has a beautiful house on the Thames.
（テームズ川にいい家を持っている）

まずは**線**。線上という位置はatのような「点」、inのような「容器」(それぞれ後述)では不適であり、そこで接触のonの登場となるわけだ。

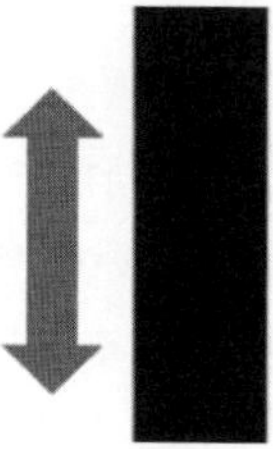

along

「線」を想起させる他の前置詞にalongがある。イラストのようなriver、road、lineなどの**線に沿った動き**、**位置**をあらわす。

(a) The restaurant is just along this street.
(レストランはこの通り沿いすぐ)

もちろんここでonを使ってもいい。

(b) The restaurant is on this street.

だがそこにはやはり、意識の違いがある。onは線上の1地点、alongは沿った位置が意識されているのである。

下の例で意識されているのもやはり線だ。

(c) How are you getting along these days?
(最近調子はどうですか?)

生活の流れが線として捉えられている。そこをどうやって進んでいるのか、この文はそうしたフィールを伝えているのである。

(1b)で動物学者Lindaが専門的な話でもしているように感じられる理由も、やはりonが、「接触」を基本イメージとしてもつからだ。aboutは犬にまつわる「まわり」が意識され、いささか緩い印象を与えるのに対して、こちらは犬そのもの、犬自体に話が及んでいることが意識されるからなのである。

about dogs　　　on dogs

onは他にも興味深い派生イメージをもつ。基本イメージをもう一度眺めてみよう。この単純なイメージからは、さまざまな解釈を引き出すことができる。典型的なものは、下の台が上のボールを「支えている」という解釈である。

(4) a. He proposed to her on his knees.
(ひざまずいてプロポーズした)
b. Spiders live on flies.

(蜘蛛は蠅を食べて生きている)

c. This machine works **on** solar power.

(この機械はソーラーで動く)

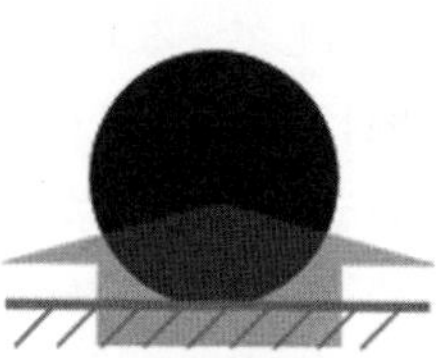

これらの文が**支える**をその核にもっていることは言うまでもないだろう。膝が体を、蠅が蜘蛛の命を、ソーラーパワーが機械を……という具合である。

また別の、**圧力**とでも呼ぶべき派生イメージもある。基本イメージを、上のボールが下を「押している」と解釈するのである。

(5) a. Don't put too much pressure **on** yourself.

(あまり自分にプレッシャーかけるなよ)

b. The angry protesters marched **on** the company's head office.

(抗議者たちは怒ってその会社の本社に押しかけていった)

どちらも何らかの力が「押している」感触が伝わってくるはずである。圧力のonは、我われが慣れ親しんだ言い回しの中にも数多く見受けられる。concentrate on (注意する)、insist on(主張する)、have an influence on(影響)。圧力のonを感じてこそ、これらのフレーズは生きたものとなるだろう。さて、onにいささか長居し過ぎたようだ。次を最後の例にしよう。

(6) a. Our boss always has a lot of things on his mind.
b. Our boss always has a lot of ideas in his mind.
(我われのボスはいつも……)

この2つの文の異なるニュアンスは、すでに説明するまでもなかろう。(6b)は単に「心の中にアイデアを」だ。だが(6a)は違う。たくさんの事柄が彼の心をグイグイと押している。「悩んでいる」というわけだ。

on➡in

前置詞の旅を続けよう。

(1) a. He's lying on the bed.
b. He's lying in the bed.

(1a)のonに関しては問題がないだろう。接触、つまり単に「ベッドの上に寝っころがっている」ということだ。(1b)はどうか。

inの語感には特に注意すべき突飛なことはない。ただそ

のイメージの中心が「容器」にあるということを確認する必要がある。容器の中にすっぽりと**包まれている**イメージ、それがinの最も典型的なイメージである。

（2） a. She's **in her bedroom.**（寝室にいる）
b. There are lots of people **in the street.**
（通りにはたくさんの人が出ている）
c. My husband's **in Australia** at the moment.
（主人は現在オーストラリアにいる）

現実に取り囲まれている場合(2a)、取り囲まれているような感触がある場合(2b)、さらには境界線などで囲まれている場合(2c)など、程度の差こそあれそこには常に「包まれ(囲まれ)ている」というフィールがある。次のペアのon/inの違いが理解できるだろうか。

（3） a. She's the one sitting **on** the sofa.
（彼女はソファに座っている人だよ）
b. She's the one sitting **in** the armchair.
（彼女は肘掛け椅子に座っている人だよ）

(3b)からは深々と座り、椅子に包まれた感触が伴っていることがわかるだろう。

さて、それでは最初の例文に帰ろう。in the bedとはどういった感触であろうか。そこにはやはり「包まれ感」がある。布団や毛布にもぐり込んでいる様子が、ネイティブには見えているのである。

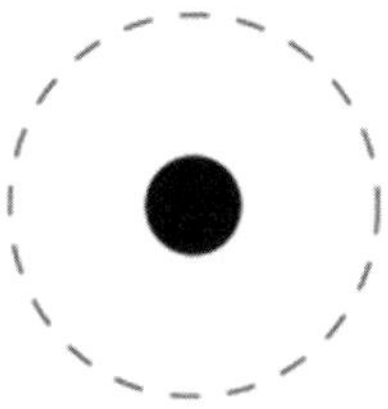

within

withinは「境界線」のイメージ。ある範囲内にあることが強調される。

(a) Mr. White will be back **within** 5 minutes.
(ホワイトさんは5分以内で戻ります)

(b) The station is **within** 5 minutes from here.
(駅には5分以内で行けますよ)

in➡at

(1) a. We arrived **in** London.
b. We arrived **at** London.

おそらくすべての前置詞の中でもっとも単純なイメージ。atは**点**。次の文で問題になっているのは、すべて「点」である。

（2） a. John is good at maths.

（数学が得意）

b. They are selling at only $5.

（たった5ドルで売っている）

c. He was travelling at 100 kph when he crashed.

（衝突したとき時速100キロ出していた）

d. What are you looking/laughing at?

（何を見て／笑ってるんだい?）

(2a)は「数学(という点)では」、(2d)は視線・笑いが向かう「点」が意識されている。(2b-c)の価格、スピードも「点」として考えることができるだろう。

したがって、(1a)と(1b)の間には明らかなニュアンスのコントラストがある。包まれた情景が浮かぶ(1a)、単なる地理上の点として捉えられている(1b)。

in London

at London

atとinの選択は、よく言われるような「場所の広さ・狭さ」に基づくわけではない。場所をどのように意識するか、その捉え方が反映されるのだ。

(3) a. Does this pasta dish have any meat in it?
(このパスタ、肉入ってる?)
b. Our plane will refuel at Singapore on its way to Sydney.
(この飛行機はシドニーに到着する前にシンガポールで給油を行います)

包まれた内部の景色が見えるのか、あるいはそれを単なる「点」と捉えるのか、それがatとinを分けているのである。

atでどうしても身につけておかねばならないのは焦点の移動である。atという前置詞を選択した途端、文の焦点が移るのだ。

atは「活動」と相性のいい前置詞である。

(4) a. You can use these coupons at any of our branches.
(このクーポンはどの支店でもお使いになれますよ)
b. Many private English lessons are given at coffeeshops.
(英語のプライベートレッスンは喫茶店で行われることが多い)

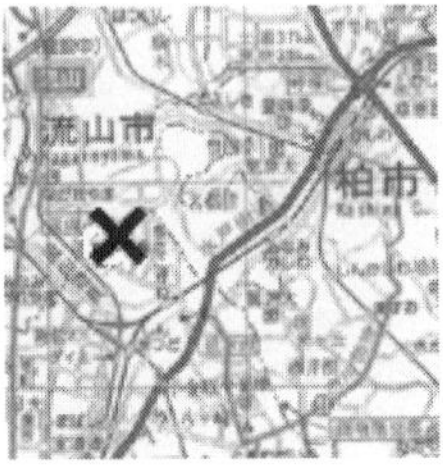

その理由は「点」があまりにも内容をもたないからだ。左のイラストの地図を眺めてみよう。我われの注目は自然に「x地点に何があるのか、何が起こったのか」に向けられる。atは「点」しかあらわさない、それがそこでの「活動」に焦点が当たる理由なのだ。次の広く知られたコントラストはそれを象徴的にあらわす例である。

(5) a. I was at Cambridge.
　　b. I was in Cambridge.

(5b)は旅行者として行った、あるいは住んでいたなど、さまざまな状況を思い起こさせるが、(5a)は「学生だった」「研究していた」となる。Cambridgeが有名な大学町であり、そこでの活動が想起されるからである。

at➡by

(1) a. I was surprised at the news.
　　b. I was surprised by the news.

surpriseはatとのみ結びつくわけではない。byも可能である。もちろんそのニュアンスは——非常にかすかにではあるが——異なるのだが。

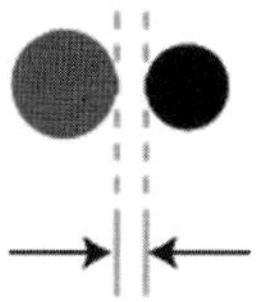

byは、受動態と共に使われた場合の訳語が最も有名であろう。「～によって」。それでbyを使いこなせるようになるのか。否である。byのイメージは**近く・そば**にある。

(2) a. I stood **by** the door and listened in.
(ドアの近くに立ち、聞き耳をたてた)
b. Michiko walked **by** without saying hello.
(美智子はあいさつもせずに通り過ぎた)
c. I know my friends will stand **by** me.
(友達が助けてくれると思っているよ)

(2a-b)は基本イメージそのまま、(2c)では「近く・そば(に立っている)」が転じて「仲間・味方」という意味が生じている。

byの派生において注目すべきは、それが**HOW（手段・方法）**という、いささか突飛なニュアンスと結びつくことだ。

(3) a. It's quicker if you go **by** the back road.
(裏道を通れば早いよ)
b. You'll recognize him **by** his large moustache.
(大きな口髭で彼だってわかるよ)

もちろんそれは「突飛な」つながりではない。「そば」が「自分－手段－目的」というコンテキストで解釈されているに過ぎない。何らかの行動の目的・ゴールは、常に遠くに認識されよう。それを達成するための手段・方法は常に「手近」にある、というわけだ。有名なby car、by busなども、この派生イメージの産物である。ちなみに(3a)はback road、(3b)はlarge moustacheという「手段・方法」によって……、ということだ。

「期限」もまた、「近く・そば」の派生である。

(4) We should be home by midnight.
(真夜中までには戻らなくてはならない)

「真夜中までに……する」場合、普通その出来事が真夜中付近に起こることを含意するからである。午後6時に戻ってくるとは到底考えられない。

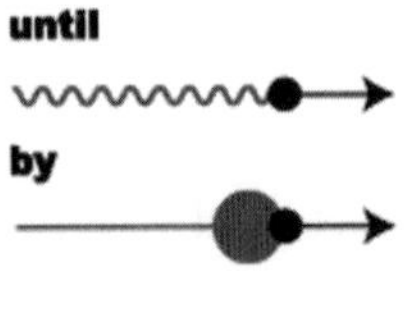

until

同様に「～まで」と訳されるuntilは、byとは全く異なるイメージをもつ。byがある点を問題にするのに対し、untilは線だ。そのときまで事態が続いていることを意味する。

(a) I'll be at the office until 10.

(10時までオフィスにいるよ)

(b) I'll be at the office by 10.

(10時までにオフィスに行くよ)

さて最後に(1)のペアに戻ろう。そもそも受動態にbyが使われるのも、やはり「そば」というイメージからである。

(5) a. 10 people were killed by the gunman.

(武装した犯人によって10人殺された)

b. 10 people were killed in the attack.

(襲撃で10人死んだ)

(5a)には——もちろんイメージ上のことではあるが——、行為者である犯人が、10 people were killedという状況の「そば」に色濃く感じられている。その行為者が手を下し、状況を引き起こしているのである。(5b)にはそうした行為者の影は感じられない。attackの「中」で10 people were killedが起こったのである。このように考えると(1b)のwas surprised by the newsの語感がよくわかるはずだ。ニュースが直接行為者としてwas surprisedを引き起こしているのだ。一方(1a)のwas surprised at the newsには、そうした感触はない。「点」を意味するatはこの場合、at 7:00のような「時点」と近い感触をもっている。「ニュースを知った時点で」といったニュアンスをかすかに運んでいる。もちろん明瞭な差異とはとても言えないのではあるが。

by➡with

（1） a. I killed him by stabbing him.

b. I killed him with a knife.

byがHow（手段・方法）だということがわかると、by a knifeとはならないことがわかるだろう。手段・方法は、単なる「モノ」ではない。どのようなやり方で、ということだからである。

（2） We went to Yokohama by bus/by car/by train.

（横浜にバスで／車で／電車で行った）

（2）は一見byの後ろにモノが来ているように見えるが、*by a busではないことに注意しよう。ここでは具体的なモノは想起されていないのである（したがって可算の扱いは不可能）。「バスという交通手段」という、具体的な形の取りようのない「手段・方法」が念頭に置かれているのである。

具体的なモノ──「道具」──を示すときにはwithが用いられる。それはwithが**つながり**をあらわす前置詞であり、道具は行為者と場所的つながりを常に保ってい

るからである。withのあらわすさまざまな「つながり」の例をあげておこう。

(3) a. My house is the one with a double-garage.
(2台入るガレージがあるのが僕の家です)
b. John is in bed with flu.
(流感で寝ています)
c. The car skidded along on its side with sparks flying in all directions.
(その車は横になって滑っていった、火花を四方に撒き散らしながら)
d. Graham lay with his hands behind his head.
(グラハムは、頭の後ろで手を組んで横になっていた)

(3a)は場所のつながりの例であり、(3b)は因果関係である。因果関係において、「原因」と「結果」はつながったように認識されることを考えれば、withで表現されることに不思議はあるまい。(3c-d)は「付帯状況のwith」と呼ばれているが、そうした大仰な名前に値するものではない。単に時間的なつながりが示されているだけなのだから。with以下の内容に注意しよう。並置によって状況が作り出されている。つまり、2つの状況が「同時に起こっている」ことが示されているに過ぎないのである。

with➡among

（1） a. Talk with Mary about this new position.

b. Talk among yourselves until I get back.

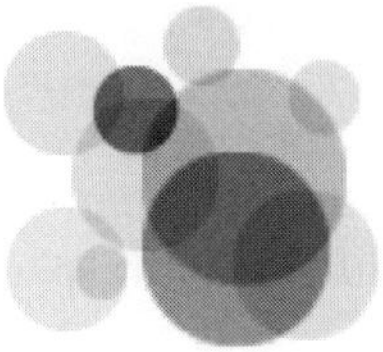

amongという前置詞は、明確な個々の事物を前提としていない。明確に意識されない、積み木を崩して広げたような雑多なまとまり、それがamongである。

（2） a. He's among all those people queuing for tickets.

（チケットに並んでいる人の中にいるよ）

b. The Williams sisters are among the best tennis players in history.

（ウィリアムズ姉妹は歴史上最も優秀な選手だ）

どちらの文からも１つ１つが明確に意識されない雑多な集合体を感じることができるだろう。

amongは(2)のように、そうした集合の成員であることをあらわすことができる一方、その間の関係もあらわすことができる。しかし成員が明確に意識されていないため、その「関係」は右のイラストのようにやはり漠然としたものである。

さて(1)に戻ろう。withの「つながり」は2つのものを

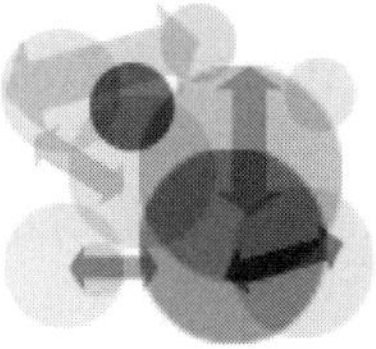

前提としている。AとB、2つの間に存するつながりである。したがって(1a)は聞き手とメアリという、明確な2者間で行われる会話を示している。ところが(1b)のamongは漠とした「あなたがたの間で」であり、そこに具体的で明確な2者間は意識されていないのである。

among➡between

（1） a. The koala is somewhere **among** those trees.
　　 b. The koala is **between** the 2 tall trees.

amongのイメージが明らかになれば、betweenの正体がわかる。その間に引かれた境界線を理解することができるだろう。それは巷に言われる「3者以上の間」「2者の間」ではない。betweenは2者間に限定されてはいないのだ。

（2） Deal the cards equally **between** the 5 players.
　　 (5人のプレーヤーに同じ数のカードを配ること)

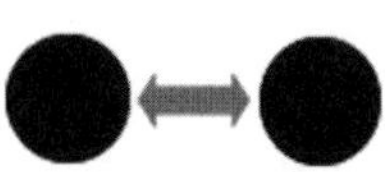

その境界線は、個々の人や物が明確に意識されているかどうかにある。明確な「間」か、それとも漠とした「間」か、である。「2本の

木の間(1b)」と「あの木の中のどこか(1a)」のフィールの違いがそれを雄弁に物語るだろう。

前置詞を巡る旅もようやく先が見えてきたようだ。前方には森が見えている。

ここでは豊富なイメージの派生を行う前置詞の中で、比較的単純なものを一度に取り上げてみよう。

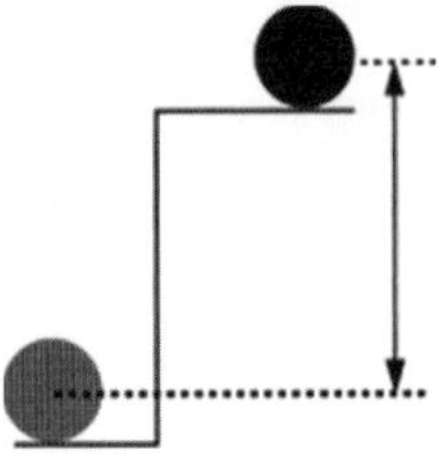

above

aboveの基本イメージは**高さが上**。直上とは限らない。相対的な高さが上ということである。

(1) There is a small shrine way **above** the town.
(町からずっと上ったところに小さな神社がある)

近似の前置詞overとの対比も問題となろう。overは単純な「上下」ではない。そこには「覆う」感触が伴う。

(2) Put a mosquito net **over** the food.

(蚊よけのネットで食べ物を覆っておけ)

ここにaboveは使えない。隙間が空いていたらゴキブリが入ってくる。

through

throughは**トンネル**。

(1) a. The train passed **through** the tunnel.

(電車はトンネルを抜けた)

b. **Through** your kind support, we reached our goal.

(君の温かい助力のおかげで、目標を達成できた)

どちらにも、トンネル状のものを意識することができるだろう。

beyond

beyondは**範囲からの逸脱**。ある境界線を飛び越えていることが意識されている。

(1) a. The tennis club is just **beyond** the lake.

(テニスクラブは湖の向こうにある)

b. Throw it away. It's **beyond** repair.
（捨てろよ。直せないから）

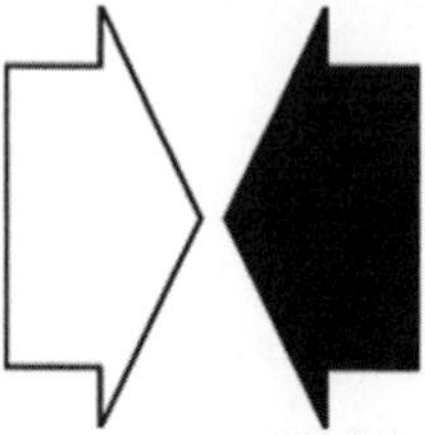

against

相反する力の拮抗。力が単に向かうわけではない。拮抗する圧力のせめぎ合いが感じられるのである。

（1） a. He always goes **against** the flow.
（彼はいつでも流れに逆らって生きている）
b. You know I'm strongly **against** abortion.
（僕は中絶に大反対なんだ。知ってるだろ）
c. Are we insured **against** floods?
（洪水の保険かけた?）

into

内部への動き。このイメージが**衝突・変化**などを派生する。

（1） a. Come **into** my office.
（部屋に入ってきなさい）
b. My black eye?　Well, I walked **into** a door.
（目のまわりの痣《あざ》?　ドアにぶつかったんだよ）
c. And the frog turned **into** a prince!

（そして蛙は王子様になりましたとさ！）

intoが「衝突」をあらわすのは、それが内部にめり込む感触を伴うから(b)。また「別の状態に入る」と考えれば、「変化」をあらわすことも理解できるだろう(c)。

from

起点。そこから離れていく運動。それがfromである。ここから**相違・区別**などへ豊かに広がる。

（1） a. I'm from NY.
（ニューヨークから来ました）
b. How many children die from malnutrition each year?
（毎年何人の子供たちが栄養失調で死んでいくのですか？）
c. Can you tell genuine ebony from fake?
（本物の黒檀と偽物を区別できますか？）

解説の必要はないだろう。

〜さぁ、森は抜けた。もうしばらく旅は続く〜

from➡after

（1） a. Who took the money **from** my purse?

b. He takes **after** his mother, doesn't he?

fromは「起点」、そこから離れる運動である。それに対してafterは、あるものを**follow（追いかける）**する運動である。

（2） a. There's a party **after** the meeting.

（ミーティングの後にはパーティがあります）

b. Quick! Run **after** him!

（早く奴を追いかけろ！）

afterを正しく捉えるためには「〜の後」では困る。（2a）は（2b）と同様の感覚をもつ、すなわちfollowするということだ。

（3） I named my daughter **after** my father.

「〜にちなんで名づける」、もうafterが使われる理由がわかるだろう。父親の優秀な、誇るべき資質を娘がfollowするように名前の一部をもらうから、name afterなのである。このように従来「熟語」と呼ばれてきたものにも、それを成り立たせる正当な理由がある。正しいイメージを身につければ、習得は難しくないのだ。

すでに読者は、(1b)のtake afterの「似ている」にも、訳語を越えた生き生きした手触りを感じることができるはずだ。先行する母親の、顔の特徴・性格などをfollowしながらtakeしているというわけだ。(1a)は「誰が財布からお金を盗ったのか？」。fromがafterと対照的な動きであることがわかるだろう。

after➡before

(1) a. Kayabacho comes **after** Roppongi.
b. Roppongi comes **before** Kayabacho.

「followする」afterがしばしば順序関係について使われるのは当然だろう。その逆がbeforeだ。

beforeは「前」と訳されるが、その守備領域は主に「時間」「順序」に限定され、「場所」には普通使われない。

（2） a. Wash your hands **before** dinner.

（夕食の前には手を洗いなさい：時間）

b. Business **before** pleasure.

（楽しみより仕事：順序）

c. * If you stand **before** me, I won't be able to see a thing!

（僕の前に立たれちゃ何も見えないだろ！）

場所的な「前」はin front ofが最も普通の表現である。beforeが使われる場合、そこには特殊なニュアンスが伴う。「おー」「あぁ」など、感情を揺り動かすものが意識されているのである。

（3） a. She stripped naked, right **before** our very eyes.

（我われの目の前で、素っ裸になった）

b. You're young — your whole future lies **before** you.

（君は若い — 前途には大きな未来が広がっている）

もう十分だろう。前置詞の豊かな世界は日本語訳などという虚構ではとうてい語ることのできない奥深さがある。懐かしい木も見えてきたようだ。次のペアを最後に家に帰ろう。

before ➡ about

a. They will all arrive **before** noon.
（昼前に皆到着するだろう）

b. They will all arrive **about** noon.
（昼頃に皆到着するだろう）

6.　規則・用法の虚構（1）

日本語訳は虚構である。異なる言語間で表現が――その細やかな襞《ひだ》に至るまで、その陰翳に至るまで――正確な対応関係を作ることは考えられない。ニュアンスとはそういった粗いものではない。だから降りて行くのだ。絵を使い、例を使い、文を使い、そのニュアンスの最深部まで降りて行くのだ。そうやって精製された最近似値を、私はイメージと呼ぶ。

話を移そう。「規則・用法」である。学校文法には、しばしば機械的な規則・用法が登場する。そして残念なことに、日本語訳同様、実用に堪えないレベルであることが多い。絶望的に粗いのだ。そしてその粗さは、規則・用法というものが必然的にもたらす帰結なのである。なぜ規則・用法はことばを写し取ることができないのか。有名な規則「時制の一致」、さらに用法別の分類が一般的な「現在完了形」を取り上げ、その理由を説明しよう。

7.　規則・用法の虚構(2)：時制の一致

規則の射程

「時制の一致」という文法規則は、初心者にとって非常に敷居の高いものとなっている。説明すべき事実が複雑なのではない。「規則」という説明の手法が学習の障害となっているのだ。

時制の一致という規則は概略以下の如きものである。

> **時制の一致**
> 主動詞が過去である場合は、従属節の時制を過去方向にずらす。

(1) a. The reporter said, "Beckham is the best soccer player in the world."
(レポーターは「ベッカムが最も優秀なサッカー選手だ」と言った)

b. The reporter said that Beckham was the best soccer player in the world.
(レポーターは、ベッカムが最も優秀なサッカー選手だと言った)

日本語では「ベッカムが最も優秀なサッカー選手だ」は変わらない。だが、英語では(1b)のように従属節になると、主動詞(said)の過去時制に「引っ張られ」、過去(is ⇨ was)

となる、それがこの規則の骨子だ。どの文法書にも書いてあるこの規則には、しかし大きな問題がある。

誰もが知っているように、この「時制の一致」には例外がある。有名なものは「普遍の真理」「現在でも続く習慣」であろう。

例外規定

従属文の内容が「普遍の真理」「現在でも続く習慣」である場合、時制の一致はしない。

（2） a. The teacher said that the earth **is** round.
（普遍の真理）

b. She said she **walks** to school.（現在の習慣）

規則はことばの命を映し出すことはできない。もちろん「例外規定などを持ち出すのは複雑過ぎるから」などとつまらぬ議論をするつもりはない。ある規則の適用条件がいかに複雑であろうとも、それが満たされたとき斉一的に規則が適用されるなら問題はない。この程度の複雑さをもった規則は、日常生活においていくらでも経験するところであるから。

問題は、「時制の一致」が規則たり得ていないという点だ。いかに細分化した例外規定を持ち出そうとも、この現象が起こる条件を規定することができないということだ。

「普遍の真理」を例にとろう。意外なことかもしれないが、普遍の真理は容易に時制の一致を受ける。

(3) What did the teacher tell you? —— Oh, he told me that the earth was round.
(先生は何て言っていた? ——うん。地球は丸いって)

至って自然な会話の流れであろう。ついでに時制の一致を受けない例もあげておこう。

(4) Now, some of you made a careless mistake in your test. Don't you remember I told you that the earth is round?
(さて、みなさんの中でテストでつまらない間違いをした人がいます。地球は丸いんだって言いませんでしたっけ?)

つまり「普遍の真理」は、時制の一致を条件づけるための有効な基準に何らなっていないのだ。「赤信号」という規則が機能するためには、その条件づけが例外なく守られていなければならない。「赤信号では車は止まることが多いのですが」では、怖くて道は

渡れない。

有効な基準になっていないのは例外規定ばかりではない。実は「普遍の真理」のみならず、時制の一致そのものが「自由に」破られる――とても斉一的に起こるとは言えない――現象なのである。

(5) The reporter **said** that Beckham **is** the best soccer player in the world.

規則は、それが例外なく適用されるからこそ意味がある。「適用されてもされなくても構わない」という中間状態を排除できる場合にのみ、規則という概念は有効に働く。しかしそこに話し手による選択の自由があるとき、現象は規則を越え、選択の背後にある心理をつまびらかにする必要が生じる。時制の一致という現象はまさにそういった例である。成功裏に記述するためには機械的・形式的な「規則」ではなく、話し手の心理まで降りて行かなくてはならない。

時制の一致の心理

時制の一致はネイティブにとって如何なる心労も伴わない、ほぼ自動的に起こると言ってよい現象である。

(6) A：My name is Hiroto Onishi.
B：Oh, sorry. What did you say your name **was**?
(私の名前は大西泰斗です。―あ、ごめん。名前なんとおっしゃいました?)

上のように、反射的な聞き返しで時制の一致が起こることがそれを雄弁に語っている。同じような例はいくらでも作ることができる。

(7) a. What did you say your date of birth **was**?
(あなたの生年月日、何とおっしゃいました?)
b. Where did the new secretary say she **was** from?
(新しい秘書、どこ出身だって言ってたっけ?)

ただそれは、何の理由もなく「自動的に」起こっているわけではない。しかるべき理由があるのだ。時制の一致の心理を明らかにしてから再度検討しよう。

(8) (3-4:再掲)
a. What did the teacher tell you? —Oh, he told me that the earth **was** round.
b. Now, some of you made a careless mistake in your test. Don't you remember I told you that the earth **is** round?

この2つの文では、微妙に意味の焦点がずれていることにお気づきであろうか。(8a)は単にtellの内容が述べられているに過ぎない。the teacherが述べた内容として「地球は丸い」がある。一方(8b)では「『地球が丸い』ということ、言わなかったっけ」と、「地球が丸い」は事実として提示されている。そして「それを言わなかったっけ?」というわけだ。

よく知られた事実であるが、時制の一致は主節動詞と従属節の間にのみ起こるわけではない。

(9) She only got the job because she was beautiful.
(彼女はね、綺麗だってだけで就職ができたのよ)

たとえ現在も美人であろうが、wasを使うことができる。そこにあるのは過去の出来事の理由づけは過去に属するという心理だ。話し手の注目は「職を得た」という過去の出来事に集まっている。その過去の出来事にいわばぶら下がっている理由のbecauseが、やはり過去のものとして意識されているのだ。(8a)が時制の一致を起こす理由も、本質的に同じである。

tellという過去の行為に焦点が当たれば、それにぶら下がっている発言内容(that以下)は、過去のものだ。つまり

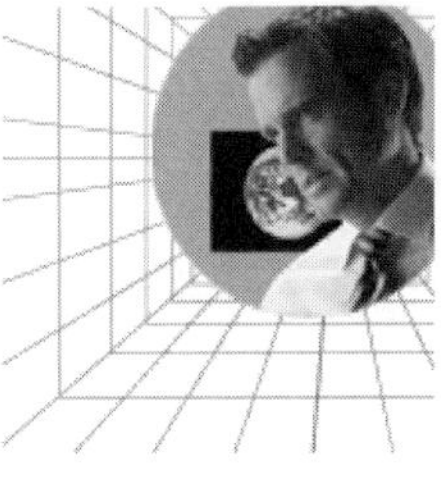

(8a)は単なるtellの内容をそのまま繰り返す「レポート」に過ぎないのである(左のイラストを参照)。一方(8b)は単なるレポートではない。「地球が丸い」という現在の事実に焦点がある。そしてその事実

を「言わなかったっけ?」だ(左のイラストを参照)。

議論が複雑になった。まとめよう。

時制の一致は過去の発言内容を単にレポートするときに起こる。

ただそれだけのことだ。

過去の発言内容の単なるレポートなら過去形が、話し手が内容を「現在の事実」として捉えているなら、当然現在形が選ばれる。

もう1つ例をあげよう。すぐに慣れる。

(10) a. The reporter **said** that Beckham **was** the best soccer player in the world.

b. The reporter **said** that Beckham **is** the best soccer player in the world.

(10a)は単にレポーターが言った内容のレポート。一方(10b)からは、話し手が「ベッカムが一番だよ」とそれを現在の事実として主張していることがわかる。The reporter saidは単なるおまけに過ぎない。ここまでくれば、(6)

のような疑問文で、時制の一致が選択される理由も明らかだろう。

（11）A：My name is Hiroto Onishi.
B：Oh, sorry. What did you say your name was?

「何と言ったのか」と、発言内容の単なるレポートに過ぎないからだ。

時制の一致とは、斉一的に例外なくかかる規則ではない。シロ・クロを、あるいは正・否を外形的な条件づけから決めることもできない。そこにはネイティブの微妙な心理が隠れている。そしてことばに関する事実の多くは——ことばが内面の心理に形を与えようとする努力であるが故に——本質的にそうしたものなのだ。感覚のレベルまで掘り下げない単純な規則が語ることのできる領域は驚く程少ない。最後の例文をあげよう。どちらが「正しい」のであろうか。

（12）The front desk informed me that you were/are dissatisfied with your room.
（フロントから、お部屋にご不満であると連絡を受けましたが）

どちらでもいいのだ。ただし私ならareを使う。「フロントが……

と報せてきました」という単なるレポートでは誠意が足りぬ。「あなた(の現状は)こうなのですね、それでは早速解決しましょう」と、相手の不満を目の前に置いているかのように響かなければ不十分なのだ――それが私の感覚である。規則によって白黒つけられるだろうか。

8. 規則・用法の虚構(3):現在完了の4分類

規則と分類

「規則」と「分類」は、同一の信仰から生まれ出た双子である。機械信仰――ことばの現象を、いくつかの機械的な手続きで割り切ることができるという素朴な信念。この双子は顕著な共通性をもっている。それは、どちらも中間状態を排除できる場合にのみ有効な概念であるということだ。規則が「どちらでもよい」を許容できないように、用法への「分類」も中間のものがあらわれては意味をなさない。「人間」と「サル」の分類は、その中間体が多数存在しては成り立たないだろう。

伝統文法で最も有名な分類の例は、現在完了であろう。現在完了は一般に、以下のような用法に分類されている。

現在完了の用法

(1) 完了用法

It's just begun snowing.

(雪がたった今降り始めた)

(2) 経験用法

I have never been to England.

(イギリスに行ったことがない)

(3) 継続用法

I've known Pat for 6 years.

(パットと知り合って6年になる)

(4) 結果用法

She's gone to the bank.

(銀行へ行った [だから今はいないよ])

もちろんほとんどの学校文法支持者は言うだろう、「分類したつもりはない」と。だが多くの学習者がこの「用法」を暗記することで現在完了を身につけたと思っている事実、その結果、現在完了という形式の生き生きとした実体をつかみ損なっている事実は否定できないだろう。単なる便宜的手段として編み出された「4分類」が、いつの間にかその本質を学習者から切り離す、絶対的な4分類となってしまっていることに目を開くべきである。

現在完了4用法が「分類」たり得ていないことを示すのは、難しいことではない。

(1) They've just painted the bench, so be careful!
(ペンキ塗り立てなんだよ。気をつけてね！)

この文には「完了」と「結果」のどちらも感じることができるだろう。「塗ったばかり」と「(塗ったばかりである結果)今はペンキが乾いていない」、そこから「気をつけてね！」が滑らかに繋がっている。つまりはどの分類にも整理することのできない「中間体」である。さらに次の文を見てみよう。

(2) [石で窓ガラスを割った息子に母親が……]
I've told you not to throw stones.
(石投げるなって言ったでしょ)

この文がどの分類にも当てはまらないことはすぐに見てとれよう。「完了」ではない。1週間ほど前に「言った」のであっても、この文は成り立つからだ。「結果」でもない。「言った」ことの結果が現在の状況につながっているわけではないからだ。もちろん「経験」でも「継続」でもない。断っておくが、この例を私は苦労して「考案」したわけではない。ネイティブなら子供でも理解する極々平凡な例なのだ。

お互いに重なり合い、そして極々平凡な例までも置き去りにする「現在完了4分類」。それがすでに分類の体を成していないことは明らかであろう。ならばなぜ分類するのか。

降りて行かねばならない。ネイティブが現在完了を用いる心理まで降りて行かねばならないのだ。

現在完了の心理

現在完了の命は、その運動にある。「遠くに見える過去形」、「包まれた感触の現在形」、この2つの間隙を埋める、遠近の運動である。私はそれを「ZOOM UPのイメージ」と呼んでいる。この運動がいかに英語を生き生きとさせているか。次の文章を眺めてもらえればすぐにわかるだろう。

> The Oxford Academy (1) opened its first language school in Tokyo in 1985. It (2) offered conversation and grammar classes and (3) employed just 4 teachers, all from England. It soon (4) began to grow and new branches (5) sprang up in Osaka, Nagoya and Kyoto. Mr. John Lewis, the founder of the group, says that the Academy (6) has now expanded into a huge chain of over 200 schools throughout Japan and they (7) have decided to venture into Korea and China. He is very proud that his Academy (8) has developed so strongly from its very modest

beginnings.

オックスフォードアカデミーは、1985年東京で最初の語学学校を開設しました。会話クラスと文法クラスがあり、教師4名はすべてイギリス人でした。その後まもなく大阪、名古屋、京都に支部を設立し、規模を拡大し始めたのです。創立者ジョン・ルイスによると、現在同アカデミーは日本全国に200校以上のチェーン展開をしており、韓国、中国に参入することが決定しています。当初の月並みな出発から、こうして非常に力強い発展を遂げてきたことに自信を深めているようです。　（拙著『English Brain Force』より引用）

【解説】

（1-5）　過去形の本質は「遠く離れたものを眺める意識」であった。（1-5）はすべて、「（語学学校を）開きました」「設置しました」「雇いました」……と、過去の歴史をポンポンと配置している感触を伴っている。

（6）has now expanded

ところがこの現在完了によって、文章が転調する。「現在はこういうことになっている」と、事態が眼前に迫ってくるのである。

（7）have decided

過去形なら単に「決定した」と、現在に関わりのない歴史を配置することになる。だがここは現在完了。「今そうした心づもりでいる」ことが伝わってくるはずだ。

（8） has developed

「発展した」ではない。今その発展途上にある様が、身近に感じられるはずだ。

これらは、無理をすれば「〜用法」などと分類することが可能かもしれない。しかしそれは後推量だ。現在完了のもつ生き生きした語感を整理しようとする、英語理解とは無縁のある種の分類癖にすぎない。

現在完了の理解に必要なのは、唯一ZOOM UPの感覚である。過去の出来事が過去からZOOM UPし、眼前に展開する感覚だけなのである。

現在完了4分類は典型例

従来の完了・経験・結果・継続は、ZOOM UPの感覚が生み出す「典型例」に過ぎない。過去の事態が現在へZOOM UPし、投射される。その典型的なケースなのだ。過去形と対比しながらそれぞれを簡単に解説しよう。

【①完了用法】

a. It **stopped** raining.（雨がやんだ）

b. It's（just）**stopped** raining.

（たった今雨がやんだばかり）

(a)は過去。過去の文がすべてそうであるように、stoppedという出来事が歴史のひとこまのように「遠くに」感じられている。それに対して(b)はつい今し方に起こった状況。眼前に迫っている感触がZOOM UPの現在完了を選ばせているのである。

【②経験用法】

a. I saw *Lord of the Rings* last Saturday.
（先週土曜日に指輪物語観たよ）

b. I've seen *Lord of the Rings*.
（指輪物語を観たことがある）

(a)の過去は単なる過去の歴史。「現在そうした経験をもつ」をあらわすには、過去の事態が現在の経験としてZOOM UPする現在完了が適当である。

【③継続用法】

a. I was a member of this club for 20 years.
（20年間このクラブのメンバーだった）

b. I've been a member of this club for 20 years.
（20年間このクラブのメンバーだ）

過去のもつ「離れた」イメージから、(a)の文には既にやめている感触がある。「現在でもメンバーである」としたいならば、過去から現在までのZOOM UP、すなわち現在完了となる。

【④結果用法】

a. She **went** to the bank.（銀行に行った）

b. She's **gone** to the bank.

（銀行に行った［今はいない］）

ある出来事、行為が現在に及ぼす帰結、それはZOOM UPの独壇場だろう。(a)の文は「銀行に行った」という過去の事態をあらわしているに過ぎない。その事態が現在の状況に落とす影(「彼女はいない」)をあらわすためには現在完了となる(アメリカ英語では現在完了と過去の境界線が、かなり緩やかであり、そこではaの文が「彼女はもうここにはいない」という含みをもちうる)。

さて、十分ウォーミングアップができたところで、ネイティブレベルの微妙なコントラストを検討しよう。ZOOM UPという感覚を中心におけば、今まで見えていなかった違いがわかるはずだ。

（1）［買い物の後、駐車場に戻って］

a. Where **did** I park my car?

b. Where **have I parked** my car?

（どこに車とめたかな？）

どちらも同じ日本語訳に相当するが、そのニュアンスは異なる。(1a)は「遠く離れた」過去の文であり、話し手の頭に浮かんでいる情景は過去のもの。駐車した、過去の出来事を反芻《はんすう》しながら「(あの時)どこに停めたっけ」だ。一方、(1b)には明らかに現在に対する視線が感じられよう。過去の出来事がZOOM UPし、今に連なる。そしてその視線は現在に注がれているのだ。「今どこにあるのか」、ということである。

Where did I park my car?

Where have I parked my car?

現在完了のもつ、過去から現在への視点の移動がフィールとして理解できれば、先に取り上げた例も難しくあるまい。

(2) [石で窓ガラスを割った息子に母親が……]

a. I **told** you not to throw stones.

b. I**'ve told** you not to throw stones.

(2a)はもちろんDo you remember?(あの時言ったわよ

ね）という怒り方であるのに対し、(2b)は現在に焦点がある。And now look what's happened!（言ったのに、今のこのザマを見てごらんよ）となるのである。

もう十分だろう。現在完了の豊かさは伝統的4分類を越えている。そしてそもそもそういった分類をするまでもない単純明快な心理から生まれ出るものだ。もちろん私は、完了・経験・結果・継続などの例を学習することに異を唱えているわけではない。それら典型例への言及が、学習を容易にすることもあろう。だが、それはあくまでも「心理」・「イメージ」を十分習熟した後に行われなければならない。「典型例」として止めなければならない。どのような現象であれ、ことことばに関する限り、「分類」は——実用レベルでは——不可能であり、意味をなさないからである。

9. 第3章まとめ

これまでの伝統的学校文法で日常行われてきた学習手法——「日本語訳」「規則」「分類」——は、許容できる範囲を遥かに越えて、粗い。それは多くの場合、ことばの実相を写し取ることができない虚構である。

ことばは規則によって語れぬことを自覚することだ。分類によって消えてしまうエッセンスを惜しむことだ。日本語訳でこぼれてしまう語感を慈《いつく》しむことだ。ネイティブの感覚にまで降りて行き、有用なイメージとしてそれを学習者に手渡してあげること、それが本来あるべき文法の姿なのだ。粗さを克服する唯一の、obviousな方策なのだ。「明らかな」ではない、「明白な」でもない。obviousな道なのだ。

第４章

イメージを再構築する

質的転換を図る

1. theの基本イメージ

あらゆる現象に、血の通った感覚は介在する。それをイメージとして汲み取り、手渡す。その単純な動作はあらゆる機械的手法に優先されなければならない。ここに至るまで私の主張してきたことは、ただそれだけのことなのだ。

この第4章では、作業現場をお見せしよう。規則・用法を捨て去り否定した後、すぐに取りかからねばならない作業の質を見極めるのだ。イメージ――機械的手法の代案――はいかなる視点の転換をもたらすのか、そしてその構築にはどういった配慮が求められるのかを論じる。英語におけるモノ表現、主にtheを取り上げよう。

表現の感覚をイメージとしてまとめるという作業を日常行っている。そうした地道な作業を通じて、繰り返し繰り返し思い知らされる事柄。それは「単純な頻度の高い表現ほど、その感覚を記述するのは難しい」ということだ。

タクシーの運転手は、個々の運転動作を覚えていたりはしないだろう。彼が取り立てて何も意識することがないまま、車は滑らかに走り出し目的地へと到着する。彼が腐心するのは、乗客との会話や近道の追求という、より「不慣れ」な事柄だ。体に深く染み込み手に馴染んだものに、我われの明確な意識は向かわない。モノをあらわす諸表現の感覚が、当のネイティブにすら半ばブラックボックス化しているのも無理からぬことと言えるだろう。the、a、 some、anyなどの表現は、意識が向かわない単純な表現の代表格である。

「意識が及ばない」ということは、「鈍感」を意味しない。ネイティブはこれらモノ表現に対し非常に敏感である。無意識に扱うことができるほど手に馴染んでいるからこそ、そこからの逸脱には鋭い嗅覚を発揮するのだ。厄介な逆説。

こうした鋭敏な、そして同時に未分化な感覚に対し、従来の「規則」「用法への分類」がほぼ無力であることは容易に想像できる。だがやはり、出発点は学校文法に与えてもらおう。私の「感覚による文法の再構築」という主張にとって重要なのは、既存の枠組みに対する優位であり、そこからの出発であるからだ。

theに関する標準的な用法分類は、概略以下のものであろう。

theの用法

①先行文脈にすでに現れた人・モノに言及する場合

a. I saw a strange woman this morning ...**The woman** showed up again this afternoon at my office.

（朝、奇妙な女性を見た……その女性は午後にまた、オフィスに現れた）

②先行文脈に現れた名詞と何らかの関係がある場合

b. I bought a second-hand car. **The body** needs

some attention but the engine is perfect.

(中古車を買った。ボディには手を入れなくちゃならないが、エンジンは完調だ)

③その場にあるモノに言及する場合

c. Put it on the desk.(机の上に置いといて)

④唯一のモノに言及する場合

d. Have you ever seen an eclipse of the sun?

(日蝕を見たことがあるかい?)[他にmoon、worldなど]

⑤first、last、onlyなどの語句と共に

e. You are the only woman for me!

(女性は君だけだよ!)

⑥形容詞・副詞の最上級で

f. This is the highest attendance we've ever had.

(今までで最も高い出席率だ)

もちろんこれらの用法は「リアル」ではない。ネイティブはこれらの用法集を眺めながらtheを使っているわけではないからだ。theが会話などで瞬時に採用されるところを見れば、これらの用法の裏側に、非常に単純な使用原則が隠れていることは明らかであろう。その単純な使用原則こそが「リアル」であり、それを私はイメージと呼ぶ。

theのイメージは**1つに決まる**ということだ。左のイラストのように、話し手・聞き手共に際立った1つのものを感じているということだ。上記のさまざまな用法は、この単純な基本イメージが文脈に照らされて作り出す投影なのである。

【①②文脈上1つに決まる】

「先行文脈にすでに現れた人・モノに言及する場合」は、もっとも端的な1つに決まる例だ。

(1) He has a powerful sports car but he doesn't know how to drive the thing!
(高性能スポーツカーを買ったが、運転の仕方がわからない！)

下線部で車が1台、話題の中に持ち込まれた。but以下ではその車1台に決めることができるためthe thingとなる。もちろん「1つに決まる」が重要であり、2つ以上が話題に上っている場合には使うことができない。

(2) *I've got 2 CD players but the thing doesn't work.
(CDプレーヤーを2台持っているが、動かないんだ)

「先行文脈に現れた名詞と何らかの関係がある場合」という一見複雑な例も、全く同じメカニズムだ。

(3) I've moved to a new apartment, but the location is not so convenient.
（新しいアパートに引っ越したが、それほど便利な場所ではない）

a new apartmentが既に持ち込まれている。「アパートの場所」は何ら注釈を加えずとも1つに決めることができるだろう。

【③その場の状況によって1つに決まる】

これは最も単純なケース。次の文を見てみよう。

(4) Open the door.（ドアを開けなさい）

この文を使うことができるのは、doorに該当するモノが1つに決まるときに限る。2つドアがあり、どちらを指しているかわからない状況でthe doorを使うことはできない。

【④⑤⑥常識的に1つに決まる】

文脈によらずとも——話題の流れ如何にかかわらず「常識」から——1つに決まることがある。「唯一のモノに言及する場合」「形容詞・副詞の最上級」はその好例である。

(5) Gill Bates is the richest man in the world.
(ギル・ベーツは世界で一番の金持ちだ)

「worldにはtheがつく」、これは中学生の間でも常識になっている。だがそれは決して「自動的に」「つくことになっている」わけではない。1つに決まる、という判断を通してtheが採用されているのである。

(6) We must create a world free from poverty.
(貧困のない世界を創らねばならない)

普通worldは我われが住んでいる、この現実世界(日本やアメリカやイギリスやナイジェリアなどから成る)を指す。1つに決まるからthe worldになる。だが「貧困のない世界」はどうだろうか。1つに決めることができるだろうか。

このように考えると、first、last、only…などにtheがつくのも自然だろう。語義により1つに決まるからだ。この場合も「自動的に」ついているわけではないことには注意が必要だろう。

(7) Claude is an only child.(クロードは一人っ子だ)

さて常識から1つに決まる例は、これら参考書でよく見かける例に限った話ではない。

(8) a. He injures **the right arm.**（右腕にケガをした）

b. On the one hand he wants to give up his job, but **on the other hand** he's scared to do it.
（一方では仕事を辞めたがっているが、他方恐れてもいる）

c. She's gone to **the bookshop.**（本屋に行ったよ）

(8a)において、his以外の選択肢としてはtheしかない。right armとなれば、それは1つに決まるからだ。aは不可能である。もちろん彼に数本右手があるのだとすれば、aでも構わないのであるが、常識的にそういったことはあり得まい。また、「2つのモノがあるときに、他方はthe otherで」はよく言われることだが、特記事項として学ぶまでもない。「2つしかない」という前提があれば、「他」は常識的に1つに決まってくるからである。

(8c)は一見「1つに決まる」への反例のように見えるかもしれない。普通、近所の本屋は1つに決まらないからだ。私の自宅付近にも三洋堂や大和田書店がある。だがそうした状況でもこの場合やはりtheがつく。the butcher's（肉屋）、the chemist's（雑貨屋）など、本屋に限らぬ一般的な傾向である。こうした慣例は古き良き時代の名残だろう。町中に本屋、肉屋が1軒しかなかった時代。bookshopと言っただけで1つに決まった時代。その名残が今に残っているのだろう。

補足：「1つに決まる」……複数形を伴うtheについて

the cats、the pensなど、theと共に使われる名詞は単数形ばかりではない。それでも「1つに決まる」は保持されている。

(9) Look at the ducks in the pond.
(池にいるあひるを見てごらん)

the ducksとはそこにいるあひるすべて、ということ、つまり「1つに決まるようなグループ」を指すのがthe ...sというわけである。the Grahamsを考えてみよう。グラハム姓のグループ全員ということだ。「グラハム一家」の意味になることはすぐにわかるだろう。the Alps(アルプス)、the Philippines(フィリピン)、the United States(アメリカ合衆国)すべてこのフィールから成り立っている。

2. イメージのもたらす質の転換

「1つに決まる」という基本イメージは、実効上先にあげた「用法集」とさほど変わらぬように映るかもしれない。ここまでの例では、その記述力――説明の広さ――はほぼ変わらないように見えるからである。しかし「用法からイメージへ」には大きな質的転換が含まれる。

用法分類ではないこと

その差はまず、それが「用法」という機械的な分類ではないことから生じる。先ほどの用法分類にはない例を取り上げよう。

【(1) 新聞名】

The Times（タイムズ紙）
The Herald Tribune（ヘラルドトリビューン紙）
The Japan Times（ジャパンタイムズ紙）

新聞名にはtheが使われることが非常に多い。用法という形でtheを記述するならば、こうした例は別個の「用法」を声高に要求することだろう。新聞名に限らず、theが使われることが多いすべてのケースはそれぞれ「用法」を必要とし、潜在的なリストは無限に続く。またこうしたリストをすべて網羅したとしても、たとえば「それではなぜ新聞にはtheがつくのか」という素朴な疑問——theが新聞名に与えている効果——について答えることはできまい。用法分類はtheの本質について何も語らないからである。この疑問については、雑誌名にはtheが採用されることはあまりないという事実を考慮すればカタがつくだろう。

【(2) 雑誌名】

Time（タイム）
Vogue（ヴォーグ）

WHAT CAR?（ワット・カー？）

theは雑誌には荷が重いのだ。「1つに決まる」には「誰もがそれとわかる」「際立っている」という語感が付随する。日々創刊され読者層も限られている雑誌にとって、そうした光り輝く王冠は大仰に過ぎるのだ。名称につくtheはこうした実体と名称の間の微妙な駆け引きの上に成り立っている。私がこの本にThe English Grammarと題をつけないのも——当たり前のことであるが——このためだ。

説明力・学習可能性

用法の羅列とイメージの差は、こればかりではない。説明力が違うのだ。「リアル」であるか、ということだ。なるほどここまで述べた例においては、用法とイメージの間で、彼我の違いはあまりない。しかしそれが実際にネイティブが——ほぼ無意識であるにせよ——活用している生きた知識かどうか、というところで明らかな差異があろう。この煩雑な用法集を彼らが「知っている」と強弁する者はあまり多くないはずである。あまりにも効率が悪いからだ。ネイティブが易々とこの単語を使っているという事実に照らし、用法分類には説明力がほとんどないと言えるだろう。

説明力の差は、学習可能性の差につながる。用法分類を覚えることによってtheを使いこなせるようになると期待することはできない。そうした経路を通してtheの達人になるネイティブは1人としていないのだ。

作業仮説

ここまで私が加えてきた伝統的用法分類に対する批判に対して、多くの英語教員からは反論があろう。「誰もが用法分類だけで教えているわけではありませんよ」「私はtheを『特定できる』と教えています」。素晴らしいことだ。私が主張しているのは表現のもつフィールへの言及を中心に据えなければ、語学教育の体は成さないということだ。用法に分類した表にはいささかの信もおけないということだ。方法論としてそれは間違いであるということだ。続けて欲しい。表に頼ることなく、その「特定」というフィールを基にtheのすべてを伝えつくせ。それが学習者を導く最短距離なのだ。機械的規則に頼らない。用法分類に頼らない。それが確認できて、初めて次の議論に入ることができる。「作業仮説」である。

私がtheのイメージとして提示した「1つに決まる」およびそのイラストは、「theは特定できるものに使う」と理論上全く同じレベルのものであり、作業仮説という性質をもつ。すなわち現状における最善の努力とでも呼ぶべきものだ。より広範な例に照らして、あるいはより効率的な代案によって、改変され取って替わられる可能性が常にある、そうした発展途上の定義に過ぎない。

私がtheのイメージとして「特定できる」を選ばないのは、「特定」という日本語のもつ不明瞭さと射程の短さによる。たとえば、The Timesは「特定できるから」theがついているわけではない。Vogueは特定できるにもかかわらずtheがつかないではないか。私が「特定」という単独の特徴づけを避け、「1つに決まる」という定義とさらにイラストでtheのイメージとするのは、そこから湧き上がる「権威・屹立《きつりつ》・光背《こうはい》」などの重要な感触を引き出したいからだ。

(3) a. Beer is **the drink** for a hot summer's day.
(暑い夏の日はビールに限る)
b. A long soak in a hot bath is **the way** to relax.
(風呂に長い間浸かるのはリラックスする最善の方法だ)

theによって大きな強調が置かれることがしばしばある。「1つに決まる」ような、すなわち最高の・最上の・最良の・それしかない、ということである。「特定できる飲み物」というより、遥かに通りがいいに違いない。

どういった文言・イラストをイメージとして学習者に手渡せばよいのか。それは非常に難しい作業である。最大限の用例を最小のイメージで説明・記述することの困難はもちろんのこと、それを学習者が最も消化・吸収しやすい形で提示することも難しい。

だがもっとも厄介な局面はすでに乗り越えた。規則・分類の安易から離れ、工夫と考察に身を置くことを決意することこそ、最も難しいのだ。多くの才能による考察を経れば、「1つに決まる」も早晩さらに有望なイメージに置き換わるだろう。乗り越えられるべきあるもの。それが作業仮説である。

いささか抽象的な話が過ぎたようだ。実質的な話に戻ろう。感覚の文法を彩る作業仮説としてのイメージは、どういった要件を満足しなければならないのか。どういったものが、考慮に足るイメージと言えるのか。

3. 深度：イメージの要件(1)

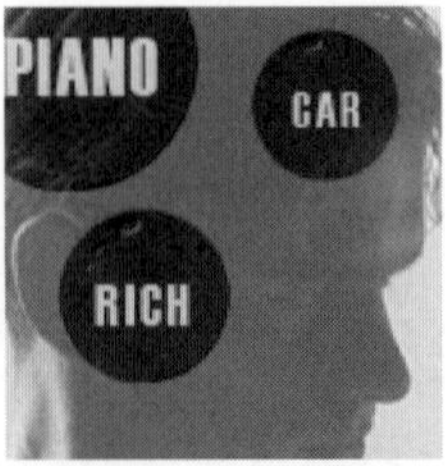

theの「1つに決まる」は、先述したポピュラーな用例に留まらない。そのイメージは一貫しており、長い射程を有している。逆にそうした射程をもたないアドホックなイメージは淘汰されなければならないだろう。それが作業仮説ということだ。ここでは「総称用法」を取り上げよう。

（1） a. **The stapler** is a really clever invention.
（ホチキスは本当にうまい発明ですね）
b. Personally, I prefer **the train** — it's faster and I can get some work done.
（個人的には電車がいいな。速いし仕事もできるし）

the stapler、the trainで示されているのは特定の、モノとしてのホチキス、電車ではない。それではこの「1つに決まる」、誰にでもピンとくるstapler、trainとは何か。それは「類」である。

我われは、さまざまなものを類と認識する。「犬」「猫」「馬」「テレビ」「電話」……他と明瞭に分かれた、そして1つに決まるもの。theが示すのはそうした類なのである。

(2) a. The nomad travels from place to place.
(遊牧民はあちらこちらに旅をする)
b. The British gentleman no longer exists.
(イギリス紳士などもういない)

「遊牧民」「イギリス紳士」。頭の中に明確にそのイメージが浮かぶだろう。それでは次の例はどうであろうか。

(3) * The interesting book is a nice gift.
(興味深い本はいい贈り物です)

この文が奇妙に響くのは、interesting bookが「弱い」からだ。他と明瞭に分かれた類として認識されるためには、theを冠して誰にでもそれとわかる(1つに決まる)「類」とするには、際だった属性とそれに基づく世間の認知とが必要である。「遊牧民」には風変わりな属性を感じるだろう。「イギリス紳士」には、礼儀正しい、嘘をつかない、傘を異様に細く巻いている……などの、類を構成するに十分な際立った属性が感じられるはずである。interesting bookにはそれがないのだ。よく言われることであるが、国籍とtheが危険なコンビネーションであるのはこうしたtheの性質がその底にあるからだ。

（4） **The Japanese** are very bad at English.

「日本人というヤツは英語が下手くそ」、こうした言い草を聞いて腹が立たない日本人は少ないだろう。日本人の中にはさまざまな人間がいる。それを十把《じっぱ》ひとからげで類化する、あまつさえ悪口を続ける。それが「危険」なのだ。知性の低い人間ほど、国籍に関してこうした乱暴な一般化をする。ちなみに、英語教育関係では「日本人は英語が……」と強迫的な言辞を弄するものが散見され、さまざまな意味で同種の不快感をもよおす。

さて、theの「類」がわかってくると、どの参考書にもある「the＋形容詞＝『〜の人々』」がいつも成り立つ表現ではないことがわかるだろう。

（5） a. **The rich** are not always arrogant.
（金持ちはいつも傲慢とは限らない）
b. There should be more signs in braille for **the blind.**
（目の見えない人のために、もっと点字での表示が

必要だ）

c. The mentally challenged need just as much help as the physically challenged.

（精神に異常がある人々に対しても、身体障害者と同等の援助が必要である）

もちろんこれらの文は正しい。「金持ち」には多くの人間が共通に感じる特徴があり、それは「類」を成す。この他にもthe young（若者）、the strong（強者）、the weak（弱者）などなど、さまざまな表現が成り立つ。それでは次はどうか。

(6) a. *The happy are lucky people.

（幸せな人は幸運だ）

b. *The short are often picked on.

（背の低い人はしばしばいじめられる）

これらが奇妙に響くとしたなら、すでにネイティブの感覚に同調しているはずだ。次の文は——とくに考えずとも——その意味するところが流れ込んでくるだろう。

(7) a. Do you prefer the town or the country?

（街が好き？　それとも田舎が好き？）

b. Do you prefer the sea or the mountains?

（海が好き？　それとも山が好き？）

イメージは十分な射程——深度——をもたねばならない。あらゆる用例に照らし、そこで一貫した内容を保持できぬイメージは淘汰されねばならないということだ。そしてそれは喜ばしいことでもある。規則・用法に終始する学校文法と異なり、そこにはより完全なものへの追求がある、着実な進歩があるのだから。

4. 差異：イメージの要件(2)

感覚を効率的に伝えるイメージには、満たさねばならぬ重要な要件がもう1つある。その表現の存在意義を明らかに示すことだ。

第3章で紹介した使役構文を思い出していただきたい。どの2つの表現も完全に重なり合ってはいない。それぞれが独自のニュアンスを主張し、その主張がその表現の存在意義を構成していたはずだ。

全く同一のイメージをもつなら、複数の表現は必要ない。文法を感覚の体系として捉え、それをイメージのシステムとして構築するためには、それぞれのイメージが隣接するイメージに対して明瞭な輪郭を保持しなければならない。

ここではモノ表現のそれぞれがもつイメージについて、それぞれが他に対してもっている境界線——輪郭——を駆け足で素描してみよう。出発は、そう、theがいいだろう。

THE vs. A

theの「1つに決まる」に対し、aには**1つに決まらない**をそのイメージとして設定することができるだろう。

（1） a. Go and get **the ladder** from the shed.

b. Go and get **a ladder** from the shed.

（物置からハシゴ取ってきて）

聞き手はthe ladderと聞いた瞬間、その「1つに決まる」から、「ハシゴは物置に1つしかない」ことを理解する。一方a ladderの場合はどうか。「決まらない」から「他にいくつかハシゴがあり、その1つを」という解釈が生まれる。aがtheに対してもっている明瞭な輪郭がわかるだろう。このイメージは、aの用例すべてに一貫しているのである。

（2） a. Having a massage is **the cure** for stress.

b. Having a massage is **a cure** for stress.

（マッサージを受けるのは、ストレス解消法……）

(2a)が「最高の・唯一の」というtheのイメージに沿った著しく強い解釈を生み出すのに対し、aは「解消法の1つ、他にもある」となっている。

あまり知られていないことだが、aにも強いインパクトを与える使い方がある。

(3) Now, thát's a stéak!

(うん。まさにステーキってところだな)

文に示したように、thatとsteakに強勢を置くと、非常に大きな強調を文全体に与えることができるが、イメージは揺るがない。「まさにステーキと言えるもの(の中の1つ)だね」ということだ。theによる強調とはその質が一貫して違うのだ。

最後に「総称用法」を眺め、次に移るとしよう。

(4) a. *The box of chocolates is an excellent gift.

b. A box of chocolates is an excellent gift.

(チョコは素晴らしい贈り物だ)

aにも「総称用法」と呼ばれるものがあるが、theとはかなり趣《おもむき》がちがう。theが他と明瞭に区別された——いわば確固として確立された——「類」を要求する(したがって(4a)は不自然である)のに対し、aは非常に緩やかな「全体」を示す。

aはある「決まらない」box of chocolatesを取り出す。そしてそれが「よい贈り物だ」と言っているに過ぎない。そこからbox of chocolatesというもの全体に対する発言となる。「決まらない1つ」を考えることによって、いわば間接的に全体が含意されるに過ぎないのだ。

theによる強調と標準形からの逸脱

昨今、整形手術が流行している。自分の面相にコンプレックスをもっている人がちょっとした改善を施すのに異論はないが、興味のあるのは、周囲の人間の反応である。「第3の目を開いた」「鼻の穴を結合した」というような劇的変化ではない、「目を切れ長にした」「二重瞼にした」程度の赤の他人にはさしたることのない変化に、周囲の人間は腰を抜かさんばかりに驚く。我われは慣れ親しんだ形からの変化には非常に敏感だ、ということを示す好例であろう。

先に紹介したtheによる著しい強調の背後には、同種のメカニズムが隠れている。

a. Beer is the drink for a hot summer's day.

この文のtheには、

b. I met a boy yesterday. The boy…

などといったtheの普通の使用と比べ、「最高の・唯一の」という遥かに大きな強調が感じられる。その理由は「慣れ親しんだ形からの変化」なのだ。

このtheのもつインパクトの起源はaとの対比である。He is a student. など、be…という形で標準的に選ばれるのはaである。theはそこからの「逸脱表現」なのだ。逸脱しているが故にtheの選択は聞き手の注意を喚起し、the

のイメージ「1つに決まる」に非常に強いハイライトが当たることになる。

こうした「逸脱→注意喚起→基本イメージの強調」といった図式は、英語全体の中で頻繁に見受けられるものだ。先に見た時制の一致の例もそうしたものの1つである。

c. He **said** that Beckham **was** the best soccer player in the world.
d. He **said** that Beckham **is** the best soccer player in the world.

この対比を論じたとき「そんな些細なことにネイティブは神経を尖らせるのか」と訝《いぶか》しく思った読者も少なくあるまい。だが事実、ネイティブはisに対して非常に敏感に反応する。標準的なレポートではないことを敏感に察知し、そこに現在形のもつ「今の事実である」という強い主張を汲み取るのである。

現在形絡みでは次のペアも興味をひくだろう。

e. If you say one word, I'll **be out of here.**
f. If you say one word, I'm **out of here.**
（もう一言でも言ったら、僕は出て行くよ）

「もし……なら、……する」の標準形は、willをもちいた(e)である。現在形を使った(f)に対して、ネイティブは話し手の強い決意を察知する。「すでに事実として決定している」という現在形のもつイメージにハイライトが当たるのだ。

逸脱によるイメージの先鋭化は、表現のイメージを探る上で非常に有効な手段である。以降の説明でも一部取り上げることとしよう。

A vs.無冠詞

英語にはさまざまなモノ表現があるが、見逃されがちなのはthe、a、some…などの表現がつかない無冠詞表現である。

(1) a. Water freezes at 0℃ .
(水は0度で凍る)
b. Platinum is more valuable than gold.
(プラチナは金よりも価値がある)
c. Hedgehogs curl up into a ball to protect themselves.
(ハリネズミは身を守るために丸くなる)
d. Elephants have ivory tusks.
(ゾウには象牙の牙がある)

無冠詞表現には非可算名詞(a、b)の場合も、可算名詞複数(c、d)の場合もあるが、そのイメージは同じである。**具体的なモノが浮かばない**ということだ。(1a)から具体的な、量を伴った「水」が浮かぶだろうか。(1c)から具体的な複数の「ハリネズミ」が目に浮かぶだろうか。単に「水」、単に「ハリネズミ」、である。

「具体的なモノが浮かばない」無冠詞表現は、全体に対する言明——すなわち「総称表現」——に大変都合がいい。(1a-d)はすべて個々のモノに言及することなく、全体を示していることに気がついた読者も多いだろう。the...、a...、などさまざまな総称表現がある中で、最も制約なく頻度が高いのがこの無冠詞表現なのである。

theはもちろんのこと、aによる総称が、無冠詞よりも頻度が落ちるのは当然のことだ。

(2) A：I saw **a mother** in the supermarket shouting at her 2 kids.

B：Well, of course, **a mother** will love her kids, but that doesn't mean they can't scold them, does it?

(スーパーで子供2人を怒鳴りつけているお母さんを見たよ。——なるほどね、もちろん母親は子供を愛するものだけど、何も怒っちゃいけないということではないからねぇ)

中心的な機能は、Aの発言に見られるように、ある1つのモノを新しく文脈に導入することにある。初めて話題に持ち込まれるモノは、もちろん聞き手にとって「1つに決まらない」からである。こうした基本機能をもつaが、「～というもの」という総称の意味合いを成立させるためには、「全体」の意味合いを支える強い文脈が不可欠なのだ。(2)におけるBのa motherは、発言全体から漂う一般論の雰囲気と「強い傾向(～するものだ)」をあらわす助動詞willによって支えられて、「母親というものは」という総称表現となっているのである。こうした「支え」を全く必要としない、無冠詞よりも頻度が落ちるのは当然のことだろう。

無冠詞は総称表現にのみ使われるわけではない。個々のモノを意識させないこの表現は、他にも使われるべき適した場所がある。次の例のような「リスト」も典型的である。

(3) a. What did you buy for the curry?
——I bought onions, garlic, turmeric, coriander and chicken.
(カレー作るのに何を買ったの？ ——うん、タマネギ、ガーリック、ターメリック、コリアンダー、それとチキンかな)

b. Babies are crying, neighbours are screaming, dogs are howling, sirens are wailing ——how on earth am I supposed to get any work done?
(赤ん坊は泣いてるし、近所では叫んでるし、犬は吠えてるし、サイレンは鳴っているし——どうやって仕事やれっていうんだよ？)

どちらの例も単に「タマネギ」「ガーリック」……、「赤ん坊」「近所では」……と並べているに過ぎない。個々の具体的なモノに焦点は当たっていないのである。

無冠詞 vs. SOME

個々の具体的なものを想起させない無冠詞のイメージは、someと好対照をなす。次の文を見てみよう。

(1) a. I need water.
b. I need some water.

(1a)の文は具体的な「水」を想起させない。単に「(コーラやコーヒーやカルピスではなく)水が欲しい」ということだ。しかし、そこにsomeを付加してみよう。途端にある量を伴った具体的な「水」が認識される。「水がいくらか欲しい」ということだ。someは「いくつか」ではない。**ぼんやりと具体的なモノを想起させる**というイメージをもつ。

(2) a. Robbers came into the bank.
b. Some robbers came into the bank.
(強盗が銀行に入ってきた)

(2a)はかすかに不自然な文である。言いたいことは十分理解できるのだが、パンチがない。それは無冠詞が具体的なモノを想起させないからだ。銀行に入ってきた男たちが想起されないから、具体的なシーンとして目に浮かばないのだ。

someの「ぼんやりと具体的なモノを」がわかると、someを使った多くの表現のニュアンスがつかめるだろう。someone、something、somewhere、someday、いずれも焦点がハッキリ決まらない薄ぼんやりとした意味しかもっていないはずだ。

(3) a. Some people just can't keep their mouths shut.
(黙っていられない人もいる)
b. Some 10,000 protesters joined the march.
(1万人ぐらいの抗議者が行進に加わった)

(3a)ではぼんやりと、口を閉じることのないpeopleが意識されている。そこで「〜がいる」という日本語訳に相当するのだ。someのこの語感がわかれば、「だいたい」と漠然とした数量を示す使い方(3b)があるのにも合点がいこう。

SOME vs. A

someは**ぼんやりとした具体的なもの**。「いくつかの」という日本語と等価ではない。ぼやけてさえいればいいのだから、単数・複数の指定はそもそもこの単語に含まれない(単数とも複数とも結びつく)。それぞれと結びついた場合のニュアンスを吟味してみよう。

(1) a. I went out with **some friends** last night.
(昨晩、数人の友人と出かけた)
b. I went out with **a friend** last night.
(昨晩、友人と出かけた)

複数を伴うsomeは**aの複数バージョン**として機能する。(1a)では数人の男がぼんやりと意識されただろう。それは(1b)の1人の男が意識されるのと、対照的である。some friendsを無冠詞のfriendsとするとaと語感がずれる。具体的な数人の男が見えてこない文になってしまうからだ。

単数名詞の取る、最も標準的な形はa...である。someが単数名詞を取った場合の語感は、このa...との綱引きで決まってくる。「逸脱によるイメージの先鋭化」が起こるのだ。

(2) A：Where did you get this book?
B：Oh, **some student** gave it to me.
(どこでこの本を手に入れたの?
──うーん。どっかの学生にもらった)

Bの発言からは「わざとぼやかしている」ことが強く感じられよう。単に質問に興味が湧かないのかもしれない。

あるいはくれた人を相手に知られたくないのかもしれない。いずれにせよ、明言を避ける意図が色濃く滲《にじ》み出る表現となっている。標準的な表現を取るなら、a studentとなるべきところにsome。ここから聞き手は「なぜsomeなのか」に注目する。そこからsomeのイメージ「ぼやかす」が強く鮮明に意識されるのだ。

単数のsomeにaとの綱引きによって特別な強い「ぼやけ」が生じる。それはsomeがそうした特別の意図をもたない場合、複数を含意することを保証する。

(3) I had lunch with some of the players.
(選手と昼食を共にした)

数人の選手、である。

SOME vs. ANY

anyには多くの「伝説」がまとわりつく。「someの疑問文・否定文の代替形」、「平叙文では出てこない」、他の多くの伝説同様それらはすべて虚構である。

「someの疑問文・否定文の代替形」に関しては、次の文を吟味することで事足りよう。

(1) a. I don't like some of your comments.

b. I don't like **any** of your comments.
(君のコメントの……が嫌い)

someとanyが外的な条件による変異形であるとすれば、同じ文脈で生じるはずはないだろう。そしてこの2つの文は大きくその意味が異なる。(1a)は「いくつかのコメントが嫌い」であり(1b)は「どのコメントも嫌い」である——全滅ということだ。

someとanyはイメージが異なる、全く別物の表現である。anyのイメージは**選択の自由**ということだ。「どれでも(何を選んでも、何を考えても)いい」ということだ。

「平叙文では出てこない」も間違いだ。

(2) a. **Any example** is OK.(どんな例でもいいよ)
b. I'll take **any job offer**.
(どんな仕事でもかまわないよ)
c. Choose **any book**.(どの本でもいいよ)

選択の自由が自然である限りにおいて、anyは平叙文でも自然である。平叙文・疑問文・否定文……そうした外形的な問題ではない。次の文が不自然なのは、それが平叙文だからではない。その意味するところがわからないからだ。

(3) *I met **any** of your friends.

(君のどの友達にも会ったよ)

以上、the、a、無冠詞、some、anyのイメージ、および互いがもつ境界線について素描した。もちろんここで示したイメージを基に、theで行ったと同様の詳細な用例説明をすることも可能である。だがこれから先は読者に任せるとしよう。

学習者に渡すべきイメージは、「僕はこんなふうに思います」といったいい加減なものではない。それでは単なる「思いつき」だ。イメージは慎重な観察と論理に基づかねばならない。当該表現の用例をすべて生み出すことができ、かつ隣接表現とのニュアンスの差を保持することができねばならない。ある表現、ある用例だけを取り上げてイメージを論じることはできないのだ。「感覚・イメージ」は非論理性の免罪符ではない。深い考察と細心の注意を払って育て上げていくべきものなのである。

5. 第4章まとめ

ことばは機械ではない。ことばは生きている。生きたことばを単純な機械的仕組みの中に押し込めようとした、あるいは押し込めることができると考えた、その意図、その前提、その思想がこれまでの学校文法を作り上げてきた。本書で私が行った主張は至って常識的である。

感覚によって英語を理解しよう

英語を不完全な機械に押し込めるのではなく、それが育まれ紡ぎ出される豊饒に帰してやる、ただそれだけのことだ。

英語ということばのもつ豊かな感覚を、ノンネイティブにとっても消化可能なイメージの体系として学習者に手渡す。その道は遥かだ。だが。

私を含め多くの英語学習者、英語教師はすでに長い道のりを呻吟《しんぎん》しながら歩いてきた。日本語訳・規則・用法、そうした客観的妥当性をもたない方法論――てかてかと光るThou shalt…の金看板――を重く背負いながら歩いてきた。

看板はすでに壊されたのだ。その先には遥かな、しかし創造的な道が続いている。

終章

イメージの見せる世界

1.　表現を舐める

イメージを通して感覚に分け入る。そうした文法を通じて培われる英語力は、従来の学校文法の比ではない。日本語訳・規則・用法が見せる英語の世界は非常に皮相的なものなのだ。読解する、英文を作る、すべてにおいてその作業の質が変わってくる。

最後に取り上げる英文は、『英文標準問題精講』(原仙作、旺文社)から抜粋した。大学受験生の多くが目にする「難解な」英文が、本来どのような姿をしているかを知ってもらいたい、との含みである。

> The present time is one in which the prevailing mood is a feeling of impotent perplexity. We see ourselves drifting towards a war that hardly anyone desires — a war that, as we all know, must bring disaster to the great majority of mankind. But like a rabbit fascinated by a snake, we stare at the peril without knowing what to do to avert it.
> (Bertrand Russell, *New Hopes for a Changing World*)
> (今日、出口のない無力感が世相を支配している。誰も望んでいない戦争——人類の大多数に災厄をもたらすことが誰の目にも明らかなこの愚挙——に、否応なく巻き込まれていく我われ自身を、呆然と眺めていることしかできないのだ。我われは蛇に魅入られた蛙の

ように、巨大な危機の前でなす術《すべ》なく立ち竦《すく》むしかない)

文才ある書き手のもつ表現に対するこだわりについては、これまでもしばしば言及してきた。この文章から私たちが学ぶべきテクニックは「イメージを集める」ということ。表現を注意深く選択し、ある特定のイメージを読者に繰り返し繰り返し植え付けていく。まずは、それぞれの表現をじっくり「舐《な》めて」いく。

prevailing(広がっている)

prevailは、predominant, dominating(支配的)と等価な響きをもつ。例えば、箱庭の砂の上に割り箸を数本立て、そこにコールタールを流し込む。そうすると割り箸は一本一本倒れていき、じきにコールタールの黒ばかりになる。一面を支配する黒。currentなど他の可能なオプションよりも、遥かに圧倒的な表現が選ばれている。

a feeling of impotent perplexity(力ない困惑「感」)

世相をprevailしているのは、このa feeling of impotent perplexityということだ。

impotent(力のない)は、男性の性的能力の欠如に言及する言葉としてご存じの方も多いだろうが、powerless(力のない)をあらわす普通の単語で、次のように使われる。

What can I do? I feel so impotent.
（僕に何ができるというのか？　自分の無力を感じる）

perplexity（困惑）は、相反する情報を与えられるなどして、何をしていいのか分からず立ち往生している状態。理性による思考が停止していると考えていい。

My boss told me this morning that I could have the day off tomorrow and now he's just told me in an angry tone that I can't. I'm totally perplexed.
（ボスは今朝、明日休んでいいと言ったのに、つい今し方怒った声でダメだって言うんだよ。何が何だかわからないよ）

このimpotent perplexityが、この文章のキーフレーズ。「力無い困惑」とは何か。その説明が次の文から展開されるのだが、これ以降使われる表現――drift、rabbit（stare）――のイメージが、このimpotent perplexityに「集まってくる」ことを見逃してはいけない。そこに我われが学ぶべき、書くための重要なテクニックがある。

We see ourselves drifting towards a war

エンジンが壊れ、潮流に流される船を想像してほしい。自ら方向を決められない無力感が色濃く感じられる単語がdrift（漂う）。みなさんにはこの単語のもつイメージがimpotentと重なっていることがわかるはず。実に意識的な表現の選択が行われている。「誰も望んでいない戦争に向かって、為す術なく流れていく」という図式が強烈に印象づけられている。

like a rabbit fascinated by a snake

impotent perplexityがわかりやすい具体的な情景として、迫ってくる。比喩は両刃《もろは》の剣《つるぎ》だ。言い古された比喩は文章に「穴」を開けてしまう。最初の数単語を読んだだけでその文全体が手軽に理解できてしまう比喩は、文章から迫力を奪い弛緩させてしまうからだ。さてこの文はどうだろうか。

我われ日本人は「蛇に睨まれた蛙」というありふれた言い回しを知っている。しかし、英語においてこの表現は「使い古された」「ありふれた」表現ではない。「蛇に睨まれた蛙」というすばらしいコンビネーションを考案した昔の日本人と同等の、独創性・鋭い言語感覚をこの書き手は持っている。逃げねば命を奪われてしまう兎、それにもかかわらず動くことすらできない無力な(impotent)兎。文章中のweが置かれている状況を、これ以上的確に情景化する比喩があるだろうか。

fascinate（魅了する)、つまり「惹きつける」というこの単語が使われている理由は、蛇という動物の属性を考えれば明らかだ。Jungle Bookにもそうしたシーンがあったように思うが、蛇に睨まれた相手は、催眠術にかけられたように動けなくなってしまう。そうした状況をfascinateと巧みに表現しているのだ。戦争という巨大な危機に魅入られながら、身動き一つ取れない無力な私たち——impotent perplexityが皮膚感覚として浮かび上がってくる。

we stare at the peril

この文脈でstare以外にピッタリと当てはまる単語を私は知らない。この的確な選択。stare（見る）はカッと見開かれた「目」。蛇に睨まれたimpotentな兎の目を想像してほしい。その見開かれた目が「私たち」の目と重なってこないだろうか。

peril（危機）はserious dangerということ。the perils of war（戦争の危機）というように、warをすぐに連想させる。

without knowing what to do to avert it

avert（くい止める）という選択が、この文の緊張感を盛り上げている。avertは何かが起こることをstopする、という動詞。この単語はstareが持ち込んだ「目」のイメージと色濃くつながっている。視界を覆い尽くすような、目前の大きな危険を含意するからだ。差し迫った緊張感を伴う単語であり、warと強固なコンビネーションを作っている。

すでにみなさんは、これらの文章のもつ濃密なイメージの流れを理解することできるはずだ。

この文章が織りなすイメージの流れは2つ。impotent-drift-rabbit（stare)、この連鎖が無力な「私たち」を、war-disaster-peril-avert-snakeが危機の巨大さと禍々《まがまが》しさを、そしてその2つの流れが交わる所を示している。それがa rabbit fascinated by a snakeなのだ。無力な「私たち」が、巨大な危機の前でどうすればよいのか分からず立ち往生している様が見事にあらわされている。

特定のイメージに照準を合わせ、語句を注意深く選んでいく。こうして**言外のイメージをコントロールすることによって、文章に厚みと力が生じている**のだ。

さて、次にこの文章の「形」を「舐めて」いこう。

2.　文の形を舐める

The present time is the one... (現在は……)

この文章の書き出しは、実にheavyだ(oneはtimeを受けている)。単なる「現在は……」という書き出しなら、Nowadays、These daysでも事足りるはず。なぜ、Russellは好き好んでこのようなheavyな形にしたのだろうか。

それは「名詞」が欲しかったから。日本語で考えよう。「現在、我われは……」、この軽い書き出しでは「現在」は流れていってしまう。形容詞や副詞は、何らかの「もの」を説明し修飾するに過ぎない。意味の力点は常に「もの」

にあり、それ故、確固とした強いイメージを、形容詞や副詞は結ばないのだ。

この文章は「現在という時(代)」がどういった性質のものであるのか、をその中心に展開している。展開がそうである以上、「現在」という「もの」が強くハイライトを受ける形を選ばねばならない。それがこのheavyな書き出しを選んだ理由なのだ。名詞。この確固とした焦点を中心に——それをdescribeする形で——文章が展開されていくのだ。

We see ourselves **drifting**...
(流れて行く様を眺めている)

おなじみの知覚構文。「see + 目的語 + 動詞原形(-ing形):〜するのを見る」といった図式で習った方も多いはずだが、忘れてほしい。**このようなフィールを伴わない文法規則は、何の役にも立たない**。この形は単に「see + 【状況】」ということ。ourselves-driftingという状況を「見ている」に過ぎない。

ここではdriftingと、-ingの形を取っていることに注意しよう。-ingには常に「生き生きした状況」が連想される。目の前を、今まさにフラフラとdriftして行くリアルな情景が展開している。

We see ourselves **drift**...

であれば、否応なく戦争に向かって流れている我われがリアルに見えてこない。生の迫力が奪われてしまうのだ。

drifting towards a war...

もしtowardsのかわりにtoを選んだらどうなるか。toは**到達点**のイメージ。ここでtoを使うと「すぐにwarに到達してしまう」感触になってしまう。この文脈に必要なのは、フラフラゆっくり戦争に向かって流れて行くイメージ。「頭をそちらに向けて」と、**方向に力点**があるtowardsが相応なのだ。

hardly anyone desires（ほとんど誰も望んでいない）

hardlyの位置を「?」と思わないでほしい。hardlyはanyoneを修飾している。「誰を考えてみても（どれを選んでも）」と選択の自由をあらわすanyを、「ほとんど……ない」のhardlyが否定しているのだ。ちなみに次は、一見まともな文に見えるかもしれないが、アウトな文。

*Anyone hardly desires...

この文はanyoneをhardlyが否定して初めて「ほとんど誰もが……ない」と文意を結ぶ。だからanyoneは、hardlyが作る否定のコンテキスト（否定要素の右側）に入っていなければならない。同じ意味で次もアウト。

*Any student didn't understand it.
(誰も理解できなかった)

But like a rabbit fascinated by a snake, we stare...

stareはなぜstaringとならないのか。この「味」が理解できるようであれば、相当の英語力が身についている。

この文は単に「私たちは……している」と、現在の状況を述べた文ではない。作者の醸し出したかったフィールは別にある。それは「帰結」、inevitability/inexorability（避けがたさ）を伴った帰結なのだ。

そもそも現在形のニュアンスの中心は、その「安定感」にある。

Quadratic equations never have more than 2 solutions.
(二次方程式は3つ以上の解をもつことはない)

「これまでも——今も——そして(多分)これからも変わることがない」、そういった種類の「いつも成り立つ」という安定感。その安定感によって、現在形は「法則」をあらわす最適な形となっている。言うまでもなく、法則の本質は「いつも成り立つ」にあるからだ。

If you add sulphuric acid to blue litmus paper it turns red.

（硫酸を青のリトマス紙につけると赤くなります）

この感覚を携えて、もう一度文を眺めてみる。

But like a rabbit fascinated by a snake, we stare at the peril...

この文のもつ「味」がわかるはず。私たちは邪悪な蛇に睨まれたrabbit。そうした状況によってもたらされる当然の結果として、避けがたい帰結として、「私たちはその危険を凝視したまま動けなくなる［しかない］のだ」が与えられている。

3. 終章まとめ

さて、いかがだっただろうか。ネイティブの語感とチューニングが合っていたなら、自然に滑り込んでくる内容ばかりのはず。ゆっくりと着実に、一歩ずつ積み上げていってほしい。

私たちの──無意識のうちに駆使している──日本語能力も、日々の積み重ねから成り立っている。ことばの上達に近道はない。

イメージを積み上げることによってのみ、感覚を磨くことによってのみ見えてくる世界がある。

英語がもし規則・用法からのみ成り立っているとしたら、名文も何も存在しないだろう。「これは正しい文。あれは妙な文」、それで終わりだ。

感覚の文法は、ネイティブの世界に分け入ることを可能にする。感覚に満ちた豊かな世界を学習者に届けることができるのだ。

おわりに

私は過去の著作に筆を入れたことがほとんどない。本は、執筆時の意図と熱に意味があると思うからだ。後の考えに照らして内容を次々に改変していけば、本来もっていたはずの力は失われる。傷がないとは決して言えない本書を(若干の変更は加えたものの)刊行時そのままの姿でお届けすることにしたのは、だからである。平《ひら》にご容赦願いたい。

本書で紹介した「イメージ」は便利な概念として人口に膾炙《かいしゃ》し、本書で概略した「感覚の英文法」は新しい統一的な語順則を加え、『一億人の英文法』(東進ブックス、2011年)で文法体系の完成をみた。

だが本書で意図した新しい英語教育は成ったのかと問われれば、道半ばとしか答えることができない。不徳の致すところとしか言えないが、幸いなことに本書を執筆した当時もっていた熱は、まだ私から失われてはいない。今後、より一層の努力を重ねたいと思う。

末尾ながら、本書を再び見出し、新書化に尽力してくれた、NHK出版山北健司氏に心より感謝致します。

2020年2月

大西 泰斗

本書は2003年に出版されたNHKブックス『英文法をこわす――感覚による再構築』を新書化したものです。新書化にあたっては、若干の構成上の変更を加えたほか、最低限の表記の修正を行いました。（編集部）

大西泰斗 おおにし・ひろと
1961年生まれ。
筑波大学大学院文芸言語研究科博士課程修了。
英語学専攻。オックスフォード大学言語学研究所客員研究員を経て、
現在は東洋学園大学教授。
NHK「ラジオ英会話」講師。
著書に『ハートで感じる英文法 決定版』
『NHKラジオ英会話 英文法パーフェクト講義 上・下』
『NHKラジオ英会話 英単語基本イメージ集中講義』(いずれもNHK出版)、
『一億人の英文法』(東進ブックス)、
『総合英語FACTBOOK』(桐原書店)ほか多数。

NHK出版新書 621

英文法をこわす
感覚による再構築

2020年4月10日　第1刷発行
2021年4月15日　第2刷発行

著者 大西泰斗

発行者 森永公紀

発行所 NHK出版
〒150-8081 東京都渋谷区宇田川町41-1
電話 (0570) 002-247 (編集) (0570) 000-321 (注文)
http://www.nhk-book.co.jp (ホームページ)
振替 00110-1-49701

ブックデザイン albireo

印刷 新藤慶昌堂・近代美術

製本 藤田製本

Printed in Japan ISBN978-4-14-088621-2 C0282

NHK出版新書好評既刊